中医药文化

特色活动课程手册

主编 / 王燕萍 侯立元

上海社会科学院出版社
SHANGHAI ACADEMY OF SOCIAL SCIENCES PRESS

主　编　王燕萍　侯立元

策　划　胡立德

撰稿人（以姓氏笔画为序）

卫佳琴　朱　晨　刘　东　刘力嘉　孙爱燕

杨永永　杨梦娇　张　帅　陈世龚　范喜艳

胡立德　胡曼曼　姚奕琦　贺　敏　顾音音

顾鑫欢　钱霞静　徐佳珮

前　言

中医药凝聚着深邃的哲学智慧和中华民族几千年的健康养生理念及其实践经验，是中国古代科学的瑰宝，也是打开中华文明宝库的钥匙。党的二十大报告指出，我们要“促进中医药传承创新发展”。我校因地制宜，继《梦想百草园》后，以《中医药文化特色活动课程手册》进一步筑实学校中医药文化的传承之路。

外冈中学是上海市卫计委举办中医药文化特色中小学项目的指定学校，是上海中医药大学中医药文化传播和嘉定区“中医药科技”创新拓展基地。学校与上海中医大、华东师大、二军大等单位合作，积极实施中医药文化特色课程，有效地落实了国家《中医药发展战略规划纲要（2016—2030 年）》提出的“要把中医药普及，进校园、进社区、进乡村、进家庭，将中医药基础知识纳入中小学课程”的要求。

作为学校的综合实践活动课程，《中医药文化特色活动课程手册》紧扣义务教育课程方案和相关学科课程标准，落实教育部关于社会主义核心价值观进教材、进课程、进课堂的要求，在学校“每一个梦想都值得浇灌”的课程理念指导下，围绕中医药文化活动所需的核心素养，通过十六个不同的专题活动，使学生在系列化和具体化的课程活动中，传承并诠释“让每一个孩子成为追梦人”的办学理念，追求让每一个学生都具有实现梦想的基础素养。

中医药文化是中华民族优秀传统文化中体现中医药本质与特色的精神文明和物质文明的总和。中医药文化的核心价值，主要体现为以人为本、医乃仁术、天人合一、调和致中、大医精诚等理念，可以用仁、和、精、诚四个字来概括。这四个字是对几千年的中医药及其文化的把握，包括医心仁、医道和、医术精、医德诚。“仁”具有博爱、仁爱、好生、求义、慈悯等意涵，是一种不忍伤害生命的行为；“仁”是恻隐之心，即见人遭受不幸而产生的同情、怜悯的心情。“和”具有亲善、和睦、协调、和谐精神的意涵，表达了人民天人和合、人际和谐、身心和谐，调和疾病的意愿。“精”体现为对医道的孜孜不倦探索和治病能力的不断提升。“诚”有态度真诚的意思，为人诚信，不欺骗患者，不牟取暴利，不博取虚名。这些，都有待外冈的学子们去学习，去实践，愿我们的中医药文化特色活动能达到激发同学们的探究兴趣、获得知识和技能、提升核心素养的目的。

梦想聚焦于课程之理念，逐梦融合于课程之活动。在本活动手册编写过程中，我们既大力弘扬中华优秀传统文化之精华，又紧密联系现代文明核心价值之精髓，使课程活动手册的内容做到传统与现代的统一；既重视和体现国家课程和地方课程对学生的核心素养要求，又重视和体现外冈本土文化对学生的基本素养要求，较好地实现了国家课程和地方课程的校本化。

上海市嘉定区外冈中学校长　王燕萍

2023 年 5 月

目 录

第一单元

中医成语典故

基础课程

1. 理解“对症下药”的意义；
2. 知道透过现象看本质的重要性；
3. 能将中医成语典故的认识迁移到日常生活中；
4. 知道中医的因果分析；
5. 在学习生活中会进行因果分析。

拓展课程

1. 分析成语的异同；
2. 懂得成语接龙游戏；
3. 知道一些成语的中医属性；
4. 知道“建安三神医”；
5. 知道赞美中医高尚医德的成语。

社会实践课程

1. 会写中医成语课本剧；
2. 会演中医成语课本剧；
3. 会对中医成语课本剧进行评价；
4. 对课程所涉及的内容进行反思。

活动一 基础课程

知识链接

对症下药

府吏兒寻、李延共止，俱头痛身热，所苦正同。佗曰：“寻当下之，延当发汗。”或难其异，佗曰：“寻外实，延内实，故治之宜殊。”即各与药，明旦并起。

——《三国志·魏志·华陀传》

【译文】

府吏兒寻、李延一同来到华佗处治病，他们都是头痛身热，病的痛苦完全一样。华佗说：“兒寻应当泻下，李延应当发汗。”有人提出疑问说为什么病情相同而用药不同，华佗说：“兒寻是外实，李延是内实，所以给他们治疗应该不同。”于是给他们不同的药，第二天早上他们俩的病全都好了。

探究学习

1. 思考问题。

华佗（约145—208年），沛国谯县人，东汉末年著名的医学家。华佗与董奉、张仲景并称为“建安三神医”。少时曾在外游学，行医足迹遍及安徽、河南、山东、江苏等地。他钻研医术而不求仕途，尤其擅长外科，精于手术，并精通内、妇、儿、针灸各科。晚年因遭曹操怀疑，下狱被拷问致死。后人称华佗为“外科圣手”“外科鼻祖”“神医”，又以“华佗再世”“元化重生”称誉有杰出医术的医师。

（1）与《对症下药》中“或难其异”的“或”意义相同的一项是（　　）。

A. “或谓孔子曰：‘子奚不为政？’”（《论语·为政》）

B. “冶长信非罪，侯生或遭骂。”（韩愈《县斋有怀》）

C. “今之刑赏，或由喜怒，或出好恶。”（《新唐书·魏征传》）

D. “张祜雕虫小巧，或奖激之，恐变陛下风教。”（《唐摭言·荐举不捷》）

（2）四人一组，写带有“殊”字的成语，五分钟之内看谁写得最多。

____

我们小组写得最多的同学是：______________________

（3）华佗精通内、妇、儿、针灸各科，“对症下药”故事中兒寻、李延的病症，属于什么科？

我认为属于________科，因为：______________________

____

（4）兒寻、李延都是头痛身热，病的痛苦完全一样，可华佗开的药方完全不一样，这要具备怎样的本事？下列选项哪项最合适？（　　）

A. 具体情况具体分析　　B. 透过现象看本质

C. 不同的药物治疗不同的病　　D. 知道药物的属性

（5）互动学习。

举一个日常学习生活中的例子，说明自己是如何“对症下药”的。

____

____

我的同桌________同学所举的“对症下药”的例子是：______________

____

____

2. 因果分析。

在《黄帝内经》中可以看到这样的论述：“肝热病者，左颊先赤；心热病者，颜先赤；脾热病者，鼻先赤；肺热病者，右颊先赤；肾热病者，颐先赤。”在这段文字中，“赤”是结果，“热”是原因，即医生所说的病因。要使人们不“赤”，需解除“热”。

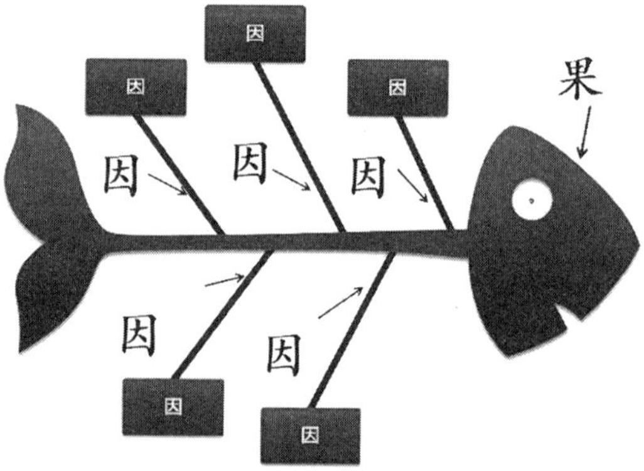

（1）下列成语与疾病相关，请分析其中的因果关系。

［示例］病从口入：生病的原因是没有把住入口的食物卫生关。

① 积劳成疾：______________________________

② 趁虚而入：______________________________

③ 乐极生悲：______________________________

（2）学习生活中存在的因果关系。

我们的学习生活中经常会遇到一些问题，论原因，有时是马虎，有时可能是没有理解，比如有的同学总背不出规定要背诵的古诗文。

我的因果分析是：______________________________

我同桌的分析是：______________________________

对我的分析，老师的看法是：______________________________

活动二　拓展课程

知识链接

“对症下药”近义词

因材施教：根据受教育者的不同情况，采用相应的内容和方法施行教育。

《论语·为政》“子游问孝”“子夏问孝”，朱熹《论语集注》引宋程颐曰：“子游能养而或失于敬，子夏能直义而或少温润之色，各因其材之高下与其所失而告之，故不同也。”

有的放矢：的：箭靶子；矢：箭。放箭要对准靶子。比喻言语、行动有明确的目标，做事有针对性。

毛泽东《整顿党的作风》：“马克思列宁主义理论和中国革命实际，怎样互相联系呢？拿一句通俗的话来讲，就是‘有的放矢’。‘矢’就是箭，‘的’就是靶，放箭要对准靶。”

探究学习

1. 分析异同。

（1）概括“对症下药”“因材施教”“有的放矢”三个成语的相同意义。

（2）“对症下药”“因材施教”“有的放矢”三个成语不同之处是：

2. 成语接龙。

在成语接龙游戏中，“因材施教”是“龙头”，“有的放矢”是“龙尾”，中间10个成语为“龙身”。4人一组，5分钟之内自己接龙，5分钟之后如果没有人完成，则小组集体讨论完成接龙。

我们小组成员是:______________________________

（1）填空。

因材施教、教________、长________、
明________、毫________、言________、
信________、真________、炼________、
天________、子________、**有的放矢**

（2）互动学习。

在成语接龙游戏中，________同学的速度最快；我自己还差____个成语未写出来，分别是:______________________________

3. 成语归类。

中医院门诊一般都有预检流程，请根据下列成语所表示的症状、人体部位、药物或药物作用，给予分科指导。4人一组，5分钟之内自己填空，将成语填入“成语”栏内，与门诊科室对应起来。

我们小组成员是:______________________________

（1）将相关的成语填入对应的科室。

如鲠在喉、齿如编贝、头晕目眩、肝胆俱裂、心力交瘁、殚精竭虑、皮开肉绽、养痈贻患、壮士断腕、刮骨疗毒、深入骨髓、强筋壮骨、人老珠黄、耳聪目明、肝胆相照、五脏六腑、食而不化、狼吞虎咽、茶饭不思、食不知味、心神不宁、魂不守舍、狗皮膏药、一针见血、六神无主、惊弓之鸟

门诊科室	成　语
内　科	
外　科	
骨　科	
五官科	
消化科	
神经科	

（2）互动学习。

我在完成上述成语填空的过程中，觉得不太理解的成语是：________________________

____

我很佩服我们小组的________同学，因为：________________________________

____

4. 汉译英。

下列汉译英中，英文少了几个单词，请补出来。

在中国古代典籍里，华佗、董奉与张仲景并称为“建安三神医”，很多书中记载着他们的医术，更有很多故事被人们口口相传，成为经久不衰的医坛佳话。

In ancient Chinese literature, ________________________ were referred to as “Three Divine Physicians of Jian’an”. Their superlative skills were recorded in many books and their stories were spread orally from generation to generation, remaining popular in the medical community.

知识链接

悬壶济世

费长房者，汝南人也。曾为市掾。市中有老翁卖药，悬一壶于肆头，及市罢，辄跳入壶中，市人莫之见，唯长房于楼上睹之，异焉，因往再拜奉酒脯。翁知长房之意其神也，谓之曰："子明日可更来。"长房旦日复诣翁，翁乃与俱入壶中。唯见玉堂严丽，旨酒甘肴盈衍其中，共饮毕而出。

——《后汉书·费长房传》

【译文】

费长房，汝南人。曾经做过管理集市的小吏。市场中有位卖药的老翁，将一只壶挂在店铺边，到集市结束，他总是跳到壶里面，集市上的人没人能看见，只有费长房从楼上看到，他感到奇异，就去拜见老翁，献上酒和肉脯。老翁知道费长房认为自己是神，就对他说："您明天可再来。"费长房第二天又去见老翁，老翁就与他一同进入壶中，只见亭台楼阁富丽堂皇，里面摆满了美酒佳肴，他们一同喝完酒才出来。

探究学习

1. 成语探源。

成语"悬壶济世"的出处是：________________，这个成语是夸赞医生的________________。

成语"悬壶济世"中，"悬壶"和"济世"的意思分别是：________________

____

2. 互动学习。

我们小组成语探源正确的同学是：________________

活动三　社会实践课程

知识链接

课本剧

课本剧由题目、人物、时间、地点、道具、场景等因素构成。

课本剧可以是多幕剧，也可以是独幕剧。多幕剧有很多的场景；独幕剧人物不多，时间不长，场景不大，适合中小学生改编。课本剧要根据课文中的人物、语言、场景来写。人物语言要口语化，要适合舞台表演，要符合人物的性格特征；故事要有开端、发展、高潮、结局；场景要符合故事情节，要有适当的舞台说明；要正确理解原作，使改编后的剧本更充分、更准确地表达原作的主题和主要内容。

探究学习

1. 写出演课本剧的流程。

（1）演出前要做的事情：

（2）演出时要注意的事情：

（3）演出后要做的事情：

2. 写《对症下药》课本剧。

人物：华佗、兒寻、李延　　　　　　　　剧情：对症下药

（1）我的剧本：____

____

____

____

____

____

（2）互动学习。

我们小组________同学的剧本写得比较好，理由是：____________________

____

3. 演出《对症下药》课本剧。

演员表：华佗：____________　兒寻：____________　李延：____________

编剧：____________　导演：____________　摄像：____________

道具：____________　其他工作人员：____________________

服装：____

将三位演出人物的化装像画在下面的方框内。

4. 评价《对症下药》课本剧演出。

主要评价指标：①华佗的人物形象：热情、耐心、有爱心、医德高尚；②兒寻、李延的人物形象：不卑不亢，符合患者的表情；③人物对话自然流畅、不做作，能反映其性格特征；④场景布置符合人物身份和故事情节；⑤道具逼真，能够用日用废品制作。

（1）评价下列演员的演出表现。

① 华佗：__________

② 兒寻：__________

③ 李延：__________

（2）评价人物道具制作。

____

____

（3）评价服装设计。

____

____

（4）评价其他工作人员。

____

____

5. 我的反思。

在“中医成语典故”课程的学习过程中，需要反思的内容主要有：

（1）我对这门课程是否感兴趣及理由：__________

（2）我对这门课程的学习是否认真：__________

（3）今后我是否会重视因果分析：__________

（4）我是否了解并学习医者的仁心：__________

（5）我是否尊重中医文化：__________

学习评价表

评价指标	自评	互评	师评
基础课程			
能选出“或难其异”的“或”意义相同的一项			
能写两个以上带有“殊”字的成语			
能说出兒寻、李延的病症属于什么科并说明理由			
能选出“透过现象看本质”			
能举出生活或学习中自己对症下药的例子			
能分析三个成语所包含的因果关系			
能从主观上分析背不出规定古诗文的原因			
拓展课程			
能概括三个成语的相同意义			
能说出三个成语的不同之处			
能在规定的时间内完成成语接龙			
能承认自己在成语接龙中有不知道的成语			
能将相关的成语填入相关的门诊科室			
能说出佩服的同学并说明理由			
能在汉译英中补出华佗、董奉与张仲景三个人的名字			
能说出成语“悬壶济世”的出处是《后汉书》			
能说出成语“悬壶济世”是夸赞医德高尚			
能分别说出“悬壶”和“济世”的意思			

续表

评价指标	自评	互评	师评
能发现成语探源比较正确的同学			
社会实践课程			
能写出演课本剧的三个基本流程			
能按照知识链接中的要求写出《对症下药》的课本剧			
能发现课本剧写得比较好的同学并说明理由			
能将三位演出人物的化装像画在方框内			
能按照评价指标对三位演员作出恰当的评价			
能评价人物道具制作			
能评价服装设计			
能评价其他工作人员			
能反思对这门课程是否感兴趣及理由			
能反思对这门课程的学习是否认真			
能反思今后是否会重视因果分析			
能反思是否了解并学习医者的仁心			
能反思自己是否尊重中医文化			

评价等级：优、良、一般

第二单元

识别中草药植物

基础课程

1. 知道一些中草药植物的生长特性；
2. 了解一些中草药植物具有药用价值的器官；
3. 学会通过一些器官辨识中草药植物。

拓展课程

1. 了解一些中草药植物的功效；
2. 能设计出简洁又合理的中草药植物观察记录表，并对中草药植物生长情况做详细记录；
3. 了解一些中草药的分类隶属和亲缘关系。

社会实践课程

1. 寻找校园内的中草药，开展校园中草药植物识别竞赛；
2. 寻找你家周围公园内的中草药植物，编写一种中草药植物的生长笔记；
3. 寻找上海植物园内的中草药，设计一个适合中小学生参与的中草药植物识别竞赛方案。

活动一 基础课程

知识链接

一些中草药植物的生长特性

薄荷（唇形科）

“薄荷”根茎横生地下。全株青气芳香。叶对生，花小淡紫色，唇形，花后结暗紫棕色的小粒果。7月下旬至8月上旬开花。

决明子（豆科）

决明子为一年生半灌木状草本。决明花黄色，荚果细长，四棱柱形；小决明植株较小，荚果较短。以其有明目之功而名之。花期6—8月，果期8—10月。

枸杞根（茄科）

枸杞根又称为“地骨皮”，枸杞属植物的根，果实叫枸杞子。一般当作药材使用，有滋阴补肾之效。花期6—9月，果期7—10月。

麦冬（百合科）

麦冬又名沿阶草、书带草、麦门冬。叶丛生，细长，深绿色，以块根入药。分株繁殖，每一母株可分种苗3—6株。

芦荟（百合科）

常绿、多肉质的草本植物，一般都是采用幼苗分株移栽或扦插等技术进行无性繁殖。

鱼腥草（三白草科）

一般在春季晚霜结束后栽植，通常采用地下茎进行无性繁殖。采嫩茎叶食用，4—10月均可采收。

金银花（忍冬科）

又名忍冬，多年生半常绿缠绕木质藤本植物。“金银花”一名出自《本草纲目》，由于忍冬花初开为白色，后转为黄色，因此得名。

薰衣草（唇形科）

多年生草本或小矮灌木，在浙江一带又称之为“蓝香花”。丛生，多分枝，叶互生。穗状花序顶生，有蓝、深紫、粉红、白等色，常见的为紫蓝色，全株略带木头甜味的清淡香气，花期6—8月。

艾叶（菊科）

该品为艾的干燥叶。艾叶历来就在我国民间广泛利用，有的用它治病，有的将它作为辟邪祛毒的信物。冬季和春季采摘鲜嫩的艾草叶子和芽，可作蔬菜食用。

青蒿（菊科）

一年生草本；植株有香气。一些地方也叫“牛尿蒿”。花果期6—9月。

玉簪（百合科）

耐寒冷，性喜阴湿环境，要求土层深厚、排水良好且肥沃的砂质壤土。花单生或2—3朵簇生，白色，芬香，花果期8—10月。

探究学习

1. 模仿上面图文并茂地介绍中草药植物生长特性的形式，自己选三种中草药植物的生长特性来撰写。（下方左边方框里贴中草药的图片或画素描，右边用文字描述它的生长特性）

2. 以上中草药植物中，叶具有药用价值的有______________________________，花具有药用价值的有______________________________，果实具有药用价值的有______________________________。

3. 你能辨认出哪些中草药植物？举三个例子。

（1）中草药名称________，是根据______________________________。

（2）中草药名称________，是根据______________________________。

（3）中草药名称________，是根据______________________________。

4. 在我们学校里还有哪些中草药植物你不认识？用素描的形式画出其中的两种植物，请教老师或上网查询相关资料，识别它们。（左边画中草药的素描，右边写出它的名称和科名）

活动二 拓展课程

知识链接

一些中草药植物的主要功效

【薄荷的功效】

薄荷是中华常用中药之一。它是辛凉性发汗解热药，治流行性感冒、头疼、目赤、身热、咽喉牙床肿痛等症。外用可治神经痛、皮肤瘙痒、皮疹和湿疹等。

内服：煎汤，3—6 克，宜后下；或入丸、散。

外用：适量，煎水洗或捣汁涂敷。

【决明子的功效】

决明子味苦、甘、咸，性微寒，入肝、肾、大肠经；润肠通便，降脂明目，可治疗便秘及高血脂、高血压。

治疗高脂血症：用决明子 50 克，水煎服，每日 2 次。

【芦荟的功效】

泻下；清肝；杀虫。用于便秘，小儿疳积，惊风；外治湿癣。

烧烫伤芦荟妙方：新鲜芦荟叶 1 片（可根据伤面大小酌情加减），以冷开水洗净，挤汁遍涂伤处，每日敷 2—3 次，具有泻火、凉血、止痛的功效。

探究学习

1. 模仿上面介绍的中草药植物功效的形式，查阅相关资料，编写其他两种中草药植物的功效。

（1）______________________________

____

（2）______________________________

____

2. 设计一份简洁又合理的中草药植物观察记录表并做好详细的生长情况记录。

示例：

观察记录表　　　　观察时间：6 月 8 日

名　称	种植时间	种植状态	种植时高度（厘米）	现在高度（厘米）	现在状态
女贞子	3 月 15 日	苗	25	55	开花
板蓝根	3 月 15 日	种子		120	结种、枯萎
大　蒜	9 月 10 日	种子		60	已经收割
月　季	3 月 15 日	枝条扦插	10	55	开花
玫　瑰	3 月 15 日	苗	20	50	开花
决明子	4 月 1 日	种子		15	开花
爬山虎	3 月 15 日	苗	10	200	攀爬
肿节风	3 月 15 日	苗	8	40	长出新枝
盐霜柏	3 月 15 日	苗	40	90	长出新枝
金银花	3 月 15 日	苗	30	250	攀爬
松红梅	3 月 15 日	苗	20	60	开花
鱼腥草	3 月 15 日	根		30	开花
野胡萝卜	4 月 1 日	种子		30	开花
菊　花	3 月 15 日	扦插	10	50	长出新枝
麦　冬	3 月 15 日	苗	25	30	发新芽
益母草	3 月 15 日	种子		130	开花
青　蒿	3 月 15 日	苗	15	120	长出新枝
紫金牛	3 月 15 日	苗	8	12	开花
韭　菜	3 月 15 日	苗	10	30	叶子茂盛
玉　簪	3 月 15 日	苗	8	20	开花

◆ 我设计的中草药植物观察记录表　　　　　　观察时间：________

3. 根据生物之间相同、相异的程度和亲缘关系的远近，分类学家将生物划分为七个最基本的阶元，其自高而低的顺序为：界、门、纲、目、科、属、种。在越是大的分类单位中，生物彼此的共同特征越少，亲缘关系越远；越是小的分类单位中，生物彼此的共同特征越多，亲缘关系越近。请观察校园中的中草药植物，查阅相关资料，它们属于同一科的植物有哪些？

薄荷属于________科，和它同一科的植物有______________________________。

麦冬属于________科，和它同一科的植物有______________________________。

艾叶属于________科，和它同一科的植物有______________________________。

薄荷、芦荟、薰衣草三种植物中，哪两种植物的亲缘关系更近？为什么？

____

活动三 社会实践课程

知识链接

辨识中草药植物

如何识别中草药植物呢？植物识别主要是根据植物的各部分形态特征，利用资料如植物检索表，核对植物的名称。植物种类的识别首先要观察植物形态特征，比如花的形态、叶的形态、茎的形态特征等，先用眼睛观察，细微的地方需要用放大镜观察。特别是对花的观察一定要细致、全面，如花萼、花冠、雄蕊的数目、雌蕊的数目。对植物叶子的观察同样要细微全面，如叶序、叶形、叶缘等，还有茎的特征。仔细地辨别观察，才能正确地识别植物。将以上特征观察详尽之后，在检索表中逐项进行检索，直到查出该植物所属的科、属、种为止。我们也可以用一些拍照识图软件来进行识别或请教专业人士。

探究学习

1. 操场上摆放10种中草药植物的一些枝叶，开展校园中草药植物辨识竞赛。请六、七、八年级（每班出一人）约20个学生仔细观察每一种植物并写出它们的名称和科名。评出获一等奖、二等奖和三等奖的学生。

（1）名称________科名________　（2）名称________科名________

（3）名称________科名________　（4）名称________科名________

（5）名称________科名________　（6）名称________科名________

（7）名称________科名________ （8）名称________科名________

（9）名称________科名________ （10）名称________科名________

2. 寻找你家周围公园内的一种中草药植物，把它生长的每一阶段具有的特征用素描和文字描述的形式呈现出来，编写一份植物生长笔记。

学习评价表

评价指标	自评	互评	师评
基础课程			
知道一些中草药植物的生长特性，能简单用语言描述			
能说出一些中草药植物具有药用价值的器官			
学会通过一些器官辨识中草药植物			
能辨识出校园中的中草药植物的具体情况			
拓展课程			
知道一些中草药植物的功效，能简单用语言描述			
能设计出简洁又合理的中草药植物观察记录表			
能对中草药植物生长情况做详细记录			
了解一些中草药的分类隶属			
能辨别一些中草药植物亲缘关系的远近			
社会实践课程			
能说出校园中一些中草药植物的名称和科名			
能编写一种中草药植物的生长笔记			
能合理设计出一个适合中小学生参与的中草药植物识别竞赛方案			
能把学到的识别中草药植物的知识向周围人做宣传			

评价等级：优、良、一般

第三单元

中药辨识及制剂

基础课程

1. 理解中药饮片辨识的意义；
2. 知道简单的中药炮制目的；
3. 懂得中药配伍调剂的意义；
4. 了解常用的中药煎服方法；
5. 知道常用的药膳药茶制作。

拓展课程

1. 了解中药的真伪优劣鉴别；
2. 了解中药简单的炮制技术步骤；
3. 知道中药方剂最常用的功效配伍；
4. 了解区分不同性质饮片的煎服法；
5. 了解药膳药茶的养身功效。

社会实践课程

1. 进行中药饮片的辨识；
2. 学习中药配伍应用；
3. 中药调配实践活动；
4. 对课程学习评价反思。

活动一 基础课程

知识链接

鉴定与炮制

中药鉴定是使用传统中药知识进行药材鉴别的一门学问，是运用现代自然科学的理论、知识、方法和技术，系统地整理和研究中药的历史、来源、品种形态、性状、显微特征等，建立规范化的质量标准及寻找和扩大新药源的理论和实践。通过鉴定，可区分中药的真、伪、优、劣。李时珍曾有“一物有谬，便性命及之”的名言。

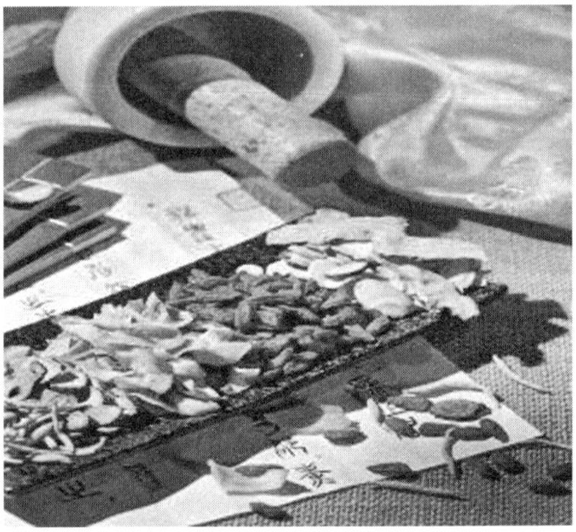

中药炮制是根据中医药理论，依照辨证施治用药的需要和药物自身性质，以及调剂、制剂的不同要求，所采取的一项制药技术。中药炮制的目的是降低或消除药物的毒副作用，保证用药安全；增强药物的作用，提高临床疗效；改变药物的性能或功效，使之更能适应病情的需要。

探究学习

1. 阅读材料。

李时珍（1518—1593 年），字东璧，晚年自号濒湖山人，明代著名医药学家。与“医圣”万密斋齐名，古有“万密斋的方，李时珍的药”之说。嘉靖三十一年（1552 年），为弄清每味药物，李时珍开始着手编写《本草纲目》。该书系统地记述了各种药物的知识，包括校正、释名、集解、正误、修治、气味、主治、发明、附方等项，对每味药既作出系统分析，又进行全面综合，并在分析基础上，作了高度概括和综合。这就是中药鉴定的原型。

2. 思考回答。

（1）古代医药学著作中有哪些阐述了药物的鉴定与炮制？（　　）（多选）

A.《千金要方》　　B.《神农本草经》

C.《伤寒论》　　D.《本草纲目》

（2）四人一组，仔细阅读《本草纲目》，说一说李时珍是从哪些方面辨识中药和区分真伪优劣的。

____

____

我们小组写得最多的同学是：______

（3）中药炮制中，为达到不同的目的，所采取的炮制方法亦不同。四人一组查阅书籍，看看谁写得多。

为消除药物毒性所用炮制法为：______________________________

为改变药物性能所用炮制法为：______________________________

为增强药物功效所用炮制法为：________________

（4）炮制导致药物功效与原药作用完全相反的药物是（　　）。

A. 生何首乌与制何首乌　　B. 生黄芪与炙黄芪

C. 生半夏与制半夏　　D. 生大黄与熟大黄

（5）互动学习。

◆ 举一个日常生活中的中药，说说自己是如何鉴别的，是否需要炮制。

____

____

◆ 我的小组同学________所举的中药的例子是：________________

鉴别方法是：________________

知识链接

配伍调剂探究

根据身体现状的需要，规定必需的剂量，配伍适当的药物，按照一定的配伍原则组合构成，这种组方规则就是“君、臣、佐、使”。君药是针对主病或主症起主要作用的药物。其药力居方中之首，用量往往也较大。臣药辅佐君药，来加强君药对主病的治疗效果。佐药加强君臣两类药物对疾病的治疗作用，消除或减缓君臣两药的毒性和烈性，使药在治疗中能起到信使的作用，不仅能引药入经，而且能调和诸药。

探究学习

1. 阅读材料。

《素问·至真要大论》说："主药之谓君，佐君之谓臣，应臣之谓使。"元代李杲在《脾胃论》中再次申明："君药分量最多，臣药次之，使药又次之。不可令臣过于君，君臣有序，相与宣摄，则可以御邪除病矣。""主病者，对症之要药也，故谓之君。君者味数少而分量重，赖之以为主也。佐君以为臣，味数稍多，分量稍轻，所以匡君之不迨也。应臣者谓之使，数可出入，而分量更轻，所以备通行向导之使也。此则君臣佐使之义也。"

2. 思考回答。

（1）首次按照"君臣佐使"理论剖析组方原理的医书是（　　）。

A.《伤寒杂病论》　　B.《伤寒明理论》

C.《外台秘要》　　D.《五十二病方》

（2）发汗解表代表方剂麻黄汤，君臣佐使经典配伍，以下叙述正确的是（　　）。（多选）

A. 麻黄发汗解表为君药　　B. 桂枝助麻黄发汗解表为臣药

C. 杏仁助麻黄平喘为佐药　　D. 甘草调和诸药为使药

（3）我们在日常饮食中经常组合搭配食物，来提高食物营养价值以被人体吸收，下面请举例说明。

我的举例分析是：____

我小组的________同学所举的例子分析是：______________________________

____

对我们的讨论，老师的看法是：______________________________

知识链接

中药煎服法

中药煎药过程中，选择好煎药工具是煎药的首要环节。煎药最好选用砂锅或搪瓷锅。有一些人选用铝锅，严格说来这不符合标准，也不宜使用铁锅煎药，因为中草药中含有一种叫鞣酸的化学物质，它碰上铁和其他贵重金属会生成不溶于水的鞣酸铁或其他鞣酸盐，这是一种对人体有害的物质。此外，草药中具有治疗作用的生物碱因得不到鞣酸而不能溶解于水，从而降低药效。中药煎药过程中还要掌握好水量与时间，掌握好火候。

汤药分头煎两煎，服法以分开服用为好，这样可使药物在体内的浓度和所起的作用均匀可靠。两煎以相隔4—6小时为宜，煎好后的中药不宜保存，宜当天煎当天服用。服药期间需忌口，即此时不宜食用某种食物，否则容易产生副作用或降低药效。

探究学习

1. 阅读材料。

几种特殊的煎药法：①先煎：矿石类及有壳的果实类药物应先煎，有毒类药物，如附子、川乌、草乌等则更应先下久煎，以减轻毒性。②后下：多指含有芳香气味、久煎易失效的一类药物。③包煎：多是带有绒毛或质地轻、体积小的颗粒种子以及易粘、易被煎煳的药物。质地轻的种子会浮于水面，药汁沸腾时易溢出锅外，所以最好包煎。④另煎或冲服：多是一些比较贵重的药物，如人参、羚羊角片等。应先煎好再兑入药汁服用。还有一些药，只须加热溶化或磨汁兑进药液冲服，如阿胶、鹿角胶、龟板胶等。

2. 思考回答。

（1）煎药最好的用具是（　　）。

A. 铝锅　　B. 砂锅　　C. 铁锅

（2）一般没有先煎、后下的中药，从浸泡到全部煎好，大约需（　　）。

A. 30 分钟　　B. 20 分钟　　C. 50 分钟　　D. 70 分钟

（3）煎药时常用的特殊处理方法有（　　）。（多选）

A. 先煎、后下　　B. 包煎　　C. 煎汤代水　　D. 另煎、烊化

（4）煎中药一般可以分四步做，请根据提示小组讨论描述。

第一步浸泡：________________________________

第二步煎煮：________________________________

第三步过滤：________________________________

第四步再煎：________________________________

知识链接

药膳药茶

药膳是在中医学、营养学和烹饪学理论的指导下，通过将药物作为食物，又将食物赋以药用，即药借食力、食助药威，借助我国独特的饮食烹调技术制作成膳食，达到养生保健和防治疾病的目的。药膳具有保健益寿、预防治疗、滋补强身等作用。选用药性平和，具有调补强身、扶正固本功效的药膳，可达到促进发育、调理气血、抗衰延年的目的。

药茶是将含有茶叶或不含茶叶的食物或药物根据中医理论配伍，经冲泡、煎煮、压榨、蒸馏等方法制成的具有一定疗效的液体饮料。《神农本草经》说："茶味苦，饮之使人益思、少卧、轻身、明目。"唐代《本草拾遗》记载："茶久食令人瘦，去人脂。"

探究学习

1. 阅读材料。

俗话说"药补不如食补"，在日常生活中，我们还可以通过食补药膳提高自身的免疫力。在增强特异性免疫功能方面，首乌、枸杞子、菟丝子、鹿茸、黄精、人参等补益药，能增强细胞免疫功能。鹿茸、人参、淫羊藿、刺五加等补益药，白花

蛇舌草、黄柏、银花等清热解毒药，丹皮等活血药，都能增强免疫功能。我们可以在日常膳食中依据医生辨证论治，适当食用这些补益药，以增强体质。

2. 思考回答。

（1）我国首设“食治”专篇的著作是（　　）。

A.《黄帝内经》　　B.《难经》

C.《千金要方》　　D.《饮膳正要》

（2）药膳的组成是（　　）。

A. 药物为主，食物为辅　　B. 药食的比例相当

C. 食物为主，药物为辅　　D. 食物为主，调味品为辅

（3）甲鱼与下列哪种食物同用，滋阴效果最好（　　）。

A. 羊肉　　B. 牛肉　　C. 猪肉　　D. 兔肉

（4）小组讨论：家里是否食用过有增强免疫功能的药膳？如果有，请说说是些什么食物或药材，做的什么药膳或药茶。

我的例子是：________________________________

我小组的________同学所举的例子是：________________________________

____

老师对我们的讨论评价是：________________________________

____

活动二 拓展课程

知识链接

枸杞的真伪优劣鉴别

枸杞子营养丰富，但也是一种难以保存的产品，常会由于环境条件的影响，出现生虫、发霉、变色等现象。枸杞子自古以来以宁夏枸杞的药用价值最高。采摘下来的枸杞鲜果是带果柄的，有一层天然的蜡质层表皮防水，晒干后才会去果柄。宁夏枸杞放入水中 90% 不下沉，无论泡茶、煲汤等都是漂浮在水面的。宁夏枸杞果实呈纺锤形或圆形，两端较小，颜色为鲜红色至暗红色，吃起来特别甜，吃完后嗓子里有一丝苦味。白矾泡过的枸杞咀嚼起来会有白矾的苦味，至于打过硫磺的枸杞，味道呈现酸涩，有苦感。

探究学习

1. 分析宁夏枸杞与其他地方枸杞的异同。

（1）宁夏枸杞与其他地方的枸杞有哪些异同？

（2）谈谈伪劣枸杞有哪些特点。

2. 枸杞炮制技术。

净制：簸去杂质，摘去残留梗和蒂。

盐制：先将食盐用微火炒热，再加入枸杞子炒至黄色发胀时，筛去盐即可。

四人一组分小组进行活动，比比哪一组做得好，请小组长相互打分。

小组	操作符合规范（25）	食材、药材整齐不凌乱（25）	炮制品符合要求（25）	团队合作表现（25）	总分
一组					
二组					

老师对我们的活动评价是：

知识链接

枸杞的配伍调剂

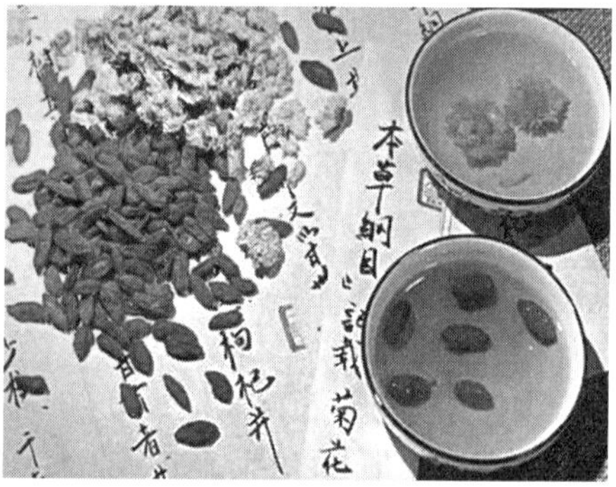

枸杞在《神农本草经》中就被列为上品，性味归经：甘，平；归肝、肾经。功能主治：虚劳精亏，肝肾不足，腰膝酸痛，遗精，头晕目眩，视力减退，内障目昏，耳鸣，内热消渴，血虚萎黄等。古人称其“久服轻身不老、耐寒暑”。又因其有延衰抗老的功效，故被称为“却老子”。

【枸杞的配伍应用】

枸杞配红枣功效：增强补益精血的作用。适用：体虚失眠、尿频、面色萎黄或苍白等血虚证。

枸杞配龙眼功效：可增强补肝肾、益精血、养心安神的作用。适用：肝肾不足、血不养心引起的心悸、腰膝酸软、头晕耳鸣、健忘等证。

枸杞配菊花功效：增强滋阴明目、清肝火的作用。适用：肝肾阴虚、肝火旺等证。

枸杞配山药功效：增强益气养阴、补肝肾、生津止渴、助阳气升发的作用。适用：肾虚不固、遗精、尿频、口渴多饮、消渴等证。

探究学习

1. 互动学习。

分小组查阅中药学典籍，看看对于枸杞功效应用的描述。

我们小组查阅的书籍杂志是____________________，其中对枸杞的描述是_________________________，对枸杞的用法有____。

另一小组查阅的书籍杂志是________________，其中对枸杞的描述是____________________，对枸杞的用法有____________。

____。

2. 小组分享学习心得。

在枸杞的配伍应用过程中，有哪些注意事项，抑或是哪些人不适合服用枸杞？

我们小组认为：枸杞温和，用量过度会造成上火，所以应当__________

____。

另一小组认为：不是所有的人都适合服用枸杞。因为它滋补身体的效果相当强，所以有：____________________________症状的人最好别吃。

3. 老师对于小组学习讨论结果的评价。

对我们小组的观点肯定的是__________________；提出的意见是

____。

对另一小组的观点肯定的是__________________提出的意见是

____。

对小组的综合评价是________________________________

____

____。

知识链接

枸杞的药膳茶饮制作

【药膳制作】

枸杞炒肉丝：瘦猪肉500克，笋100克，加盐、糖、酱油、料酒、鸡精等各适量，稍炒，再加入枸杞子100克炒熟。

功效：养肝益肾，清肝明目，适用于体虚乏力、肾虚、视物模糊等。

【茶饮制作】

枸杞菊花茶：将枸杞与菊花放漏网中小心冲洗干净，放入茶壶中，加沸水冲开，盖上盖子闷10分钟后放入冰糖调味即可。

功效：菊花具有疏风清热、解毒明目的作用。枸杞能养阴补血，益精明目，还能降低血中的胆固醇，防止动脉粥样硬化的形成，从而达到预防冠心病的目的。

探究学习

1. 小组讨论：家里做过哪些药膳，喝过什么药茶，都有些什么功效？

我的例子是________________，功效是__________________________________，我小组的________同学所举的例子是__________________________________，功效是____。

2. 药膳茶饮做起来，比比哪组做得好，看看谁的动手能力强。

◆ 药膳：枸杞炒肉丝

材料：枸杞子 100 克，精猪肉 500 克，青笋 100 克。

做法：将猪肉、青笋切丝，炒锅烧热加油，放入肉丝、笋丝，烹黄酒，加白糖、酱油、盐、味精各适量，最后放枸杞子翻炒几下即可。

功效：滋阴补肾、养血明目，适用于血虚眩晕、心悸、视力模糊及体弱乏力。

◆ 茶饮：枸杞红枣汤

材料：枸杞 30 克，红枣 2 枚，蜂蜜 20 毫升。

做法：先将枸杞洗净，浸泡 10 分钟后放入锅内。红枣洗净去核，放入锅内。加水 500 毫升，熬煮 20 分钟后，加入蜂蜜拌匀即可食用。早晚各服一次。

功效：补肝滋肾、养血明目，适用于肝肾阴虚引起的头晕目眩、视力减退、耳鸣耳胀、腰膝酸软、脱发及肠燥便秘。

四人一组分小组进行活动，比比哪一组做得好，请小组长相互打分。

小组	食材准备工作（25）	制作过程规范（25）	成品符合要求（25）	团队合作表现（25）	总分
一组					
二组					

老师对我们的活动评价是：____

____

____

活动三　社会实践课程

知识链接

中药调配四步骤

处方审核： 首先查看患者姓名、性别、年龄、处方日期、医师签名/盖章等。其次审阅处方药名、剂量、剂数、先煎、后下等书写是否规范。

调配： 调配前再次审查，确认处方没有差错后，根据药物不同体积重量选用适当的戥子，保证剂量准确。先煎、后下、包煎、烊化、另煎、冲服等特殊煎煮方法的药品必须单包并注明。

检查复核： 复核药品与处方所开药味和剂数是否符合，有无相反、相畏、妊娠禁忌和超剂量；复核是否将先煎、后下、包煎、烊化、另煎、冲服等特殊要求的药品单独包装。

发药： 核对处方姓名和取药号牌后，询问患者开药剂数以便再次核实。

探究学习

1. 学习观摩中药调配室。

（1）仔细观察中药处方，写出规范处方项目由哪些组成。

____

（2）观摩中药调配室，了解调配室布局有哪些特点。

____

2. 学习中药饮片特点并进行常用药的辨识摆放。

（1）观察辨识不同中药饮片（根、茎、花、叶、种子）及其摆放特点。

我认识的中药有：________________

摆放的位置特点有：________________

____

（2）观察辨识同类功效的中药饮片以及动物、矿物药的摆放特点。

我认识的中药有：________________

摆放的位置特点有：________________

（3）大家相互辨认药物，寻找药物摆放位置，因为这是中药调配员必备的技能。

我们小组________同学认识的中药最多，理由是他能说出（　　）种中药，并指出它们的摆放位置。

3. 职业体验，我们是小小调配员。

◆ 小组成员分配岗位，可轮岗体验。

处方审核：________和________同学。

处方调配：________、________、________同学。

处方复核：________和________同学。

发药：________和________同学。

4. 对职业体验的评价。

主要评价指标：①工作态度认真仔细，虚心求教；②药物辨识度高；③会使用调配工具；④对整个工作流程熟悉；⑤具有团队合作精神。

（1）评价各岗位同学的工作态度表现。

◆ 审核：____

◆ 调配：____

◆ 复核：____

◆ 发药：____

（2）评价同学的专业知识能力。

____

（3）评价同学的动手操作能力。

____

（4）评价同学团结合作的精神。

____

5. 我的反思。

在“中药辨识及制剂”课程的学习过程中，需要反思的内容主要有：

（1）我对这门课程是否感兴趣及理由：________________________

（2）我对这门课程的学习是否认真：________________________

（3）我是否会对中药在生活中的应用有兴趣：________________________

（4）我是否会对中药有进一步探究实践：________________________

学习评价表

评价指标	自评	互评	师评
基础课程			
能说出与药物鉴定炮制相关的药物学著作有哪些			
能写出从哪些方面来辨识中药真伪优劣			
能知道枸杞的炒制过程			
能举出日常生活中认识的中药			
能说出著名的方剂调配医书			
能说出经典方剂调配原理			
能举出生活中膳食配伍的例子			
能说出煎药中常用的特殊处理方法			
能说出煎中药的过程以及注意事项			
能说出药膳的组成原则			
能说出简单常用的药膳及药茶			
能发现中药学知识比较丰富的同学			
拓展课程			
能区分宁夏枸杞与其他地区枸杞的异同			
能说出伪劣枸杞有哪些特点			
能说出枸杞的功效应用			
能说出哪些人不适合服用枸杞			
能说出可以用枸杞做哪些药膳并有何功效			

续表

评价指标	自评	互评	师评
能分享家里曾做过的药膳			
能说出用枸杞可以做哪些茶饮并有何功效			
能制作简单的药膳茶饮			
能发现小组动手能力强的同学			
社会实践课程			
能写出中药规范处方有哪些项目			
能写出中药调配室布局有哪些特点			
能说出调剂中药有哪些操作步骤			
能学会使用称量工具			
能说出不同类型中药饮片的摆放特点			
能独立完成角色体验任务			
能评价各岗位同学的工作态度			
能评价同学的专业知识能力			
能评价同学的动手操作能力			
能评价同学团结合作的精神			
能反思对这门课程是否感兴趣及理由			
能反思对这门课程的学习是否认真			
能反思对中药在生活中的应用是否有兴趣			
能反思是否会对中药有进一步探究实践			

评价等级：优、良、一般

第四单元

中医名家史

基础课程

1. 追述扁鹊及其四诊法，回顾中医起源，了解扁鹊与四诊法；
2. 了解张仲景精湛的医术、高尚的医德，学习张仲景为了理想面对挫折坚韧不拔、努力拼搏的精神；
3. 了解华佗的生平，知道华佗的外科手术、麻沸散、五禽戏等；
4. 知道李时珍《本草纲目》的成书过程；
5. 在学习过程中感知古代中医名家的伟大精神。

拓展课程

1. 能说出不同历史时期的嘉定中医名家代表；
2. 知道中医名家朱春霆的事迹；
3. 知道中医司令吕炳奎的事迹；
4. 能比较两位中医名家异同点；
5. 能说出传承中医文化的方式。

社会实践课程

1. 会搜集中医名家资料；
2. 会制作中医名家手册；
3. 会对中医名家手册进行评价；
4. 对课程所涉及的内容进行反思。

活动一　基础课程

知识链接

中医名家

“药医不死病，佛渡有缘人。”“医之大者，为国为民。”“不为良相便为良医。”古代医者经过千百年的风雨洗涤，他们的名字仍然传颂至今，而他们留下的医典，救治了无数的百姓，功绩永远会存在人民的心中。

1. 扁鹊知多少

扁鹊，生卒年不详，姓秦，名越人，春秋战国时期名医，渤海郡鄚（今河北任丘北）人。他根据民间流传的经验和自己多年的医疗实践，总结出诊断疾病的四种基本方法，即望诊、闻诊、问诊和切诊，总称“四诊”，古称“诊法”。它的基本原理是建立在整体观念和恒动观念的基础上的，是阴阳五行、藏象经络、病因病机等基础理论的具体运用。“四诊法”自创立以来，得到了不断的发展和完善，是我国传统医学文化的瑰宝。

2. 了解张仲景

张仲景，生卒年不详，名机，字仲景，南阳郡（今河南南阳）人。东汉末年著名医学家，被后人尊称为“医圣”。张仲景广泛搜集医方，写出了传世巨著《伤寒杂病论》。他所确立的辨证论治原则，成为中医临床的基本原则，是中医的灵魂所在。

探究学习

1. 探究扁鹊生平事迹。

◆ 我们小组成员是：

（1）介绍扁鹊生平。

（2）介绍“四诊法”。

2. 探究张仲景的生平事迹。

（1）我们小组制作的张仲景的生平表如下：

时间	主要事迹

（2）我们小组制作的《伤寒杂病论》成书过程表如下：

时间	主要事迹

（3）《伤寒杂病论》历史地位：

3. 我的收获。

知识链接

华佗的一则小故事

有一郡守得了重病，华佗去看他。郡守让华佗为他诊治，华佗对郡守的儿子说："你父亲的病和一般的病不同，有淤血在他的腹中，应激怒他，让他把淤血吐出来，这样就能治好他的病，不然就没命了。你能把你父亲平时所做过的错事都告诉我吗？我传信斥责他。"郡守的儿子说："如果能治好父亲的病，有什么不能说的?”于是，他把父亲长期以来所做不合常理的事情全都告诉了华佗。华佗写了一封痛斥郡守的信留下，郡守看信后，大怒，派捕吏捉拿华佗，没捉到，郡守盛怒之下，吐出一升多黑血，他的病就好了。

探究学习

我们小组对华佗生平事迹及史书对华佗的评价做了一些探究。

我们小组成员是:________________

1. 有关华佗的逸事。

____

____

____

____

____

____

____

2. 史书对华佗医学成就的概括及评价。

____

____

____

____

____

____

____

____

3. 画“五禽戏”的动作示意图。

华佗继承和发展了前人“圣人不治已病，治未病”的预防理论，为年老体弱者编排了一套模仿猿、鹿、熊、虎、鸟等五种禽兽姿态的健身操——“五禽戏”。

知识链接

“药圣”李时珍

李时珍自嘉靖四十四年（1565 年）起，先后到武当山、庐山、茅山、牛首山及湖广、南直隶、河南、北直隶等地搜集药物标本和处方，并拜渔人、樵夫、农民、车夫、药工、捕蛇者为师，参考历代医药等方面书籍 925 种，“考古证今、穷究物理”，记录上千万字札记，弄清许多疑难问题，历经 27 个寒暑，三易其稿，于万历十八年（1590 年）完成了 192 万字的巨著《本草纲目》。他对脉学及奇经八脉也有研究，著述有《奇经八脉考》《濒湖脉学》等。后世尊其为“药圣”。

探究学习

我们小组对李时珍及其《本草纲目》的历史地位做了一些探究。

我们小组成员是：________________

1. 关于李时珍的逸事。

____

____

2.《本草纲目》成书过程表如下：

时间	主要事迹

3.《本草纲目》的历史地位。

____

____

____

____

____

____

____

____

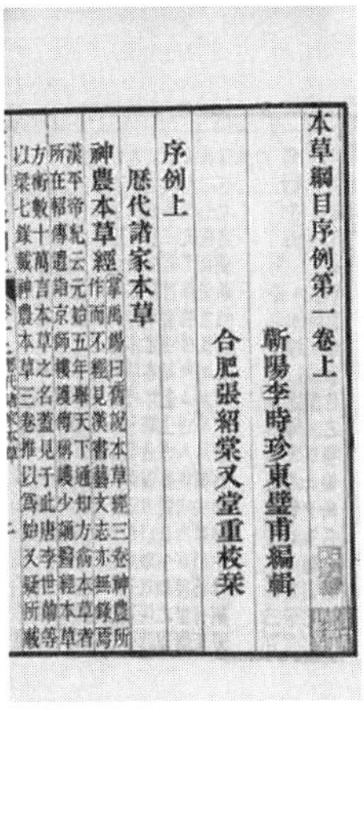

活动二 拓展课程

知识链接

嘉定中医名家

上海嘉定古名“疁城”，系经济富庶之地，人文蔚起之邦。古往今来名医世家辈出，见诸史籍者，始于元代，盛于明清。嘉定中医流派纷呈，有嘉定郁氏外科和嘉定黄墙朱氏外科等流派，其中朱春霆独创的朱氏推拿“一指禅”影响至今，2011 年 6 月，“朱氏一指禅”被正式确定为国家非物质文化遗产项目。

探究学习

我们小组成员是：________________________________

1. 嘉定中医的发展过程是：

____

____

____

2. 嘉定中医发展阶段中中医名家代表是：

____

____

____

3. “朱氏一指禅”的意思是：________________________________

____

____

____

知识链接

朱春霆

朱春霆（1906—1990 年），字维震，江苏嘉定人，为黄墙朱氏中医六世医。其父芝孙精于中医内、外科，声誉卓然，曾运用一指禅功治愈名画家吴昌硕半身不遂顽症。吴昌硕挥毫泼墨作《秋菊图》一帧谢赠，一时传为杏林佳话。据史料记载，早在 19 世纪末，黄墙朱家的疡科已名扬江南。

探究学习

我们小组成员是：________________

1. 我们所搜集的资料来自媒体，媒体的名称是：________________

____

____

____

2. 我们小组的整理结果是（包括生平、经历、成就等）：

____

____

____

____

3. 活动体会。

我们小组成员在交流活动体会中，________同学讲述的活动体会最好，原因是________________

____

________________。

知识链接

中医司令——吕炳奎

吕炳奎（1914—2003 年），上海嘉定人，少年得名医汪志仁真传，20 岁立牌应诊。抗日战争爆发时，吕炳奎弃医从戎，组织外冈游击队，先后任嘉定江南抗日义勇军三支队队长、淞沪游击队政治部主任、浙东三东地区工委书记兼海防队政委、浙东工商管理局局长和松江地委常委兼副专员等。新中国成立后重返杏林，曾任江苏省卫生厅厅长，卫生部中医司司长，全国政协第六届、第七届委员，第七届政协医药卫生组副组长等职务。他致力于中医药的发展，培养了 3 万多名中医人才，被誉为“中医司令”，为中医事业的发展作出了巨大的贡献。

探究学习

我们小组成员是：____________________

1. 学习课本，列出中医司令——吕炳奎的生平事迹。

我们小组制作的吕炳奎的生平表如下：

时间	主要事迹

2. 参观外冈游击队纪念馆。

◆ 我们小组的参观记录：_____

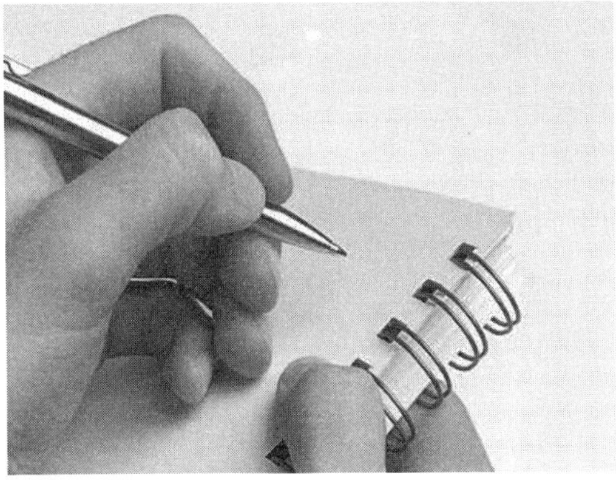

◆ 我们小组拍摄的活动照片。

3. 我的活动体会：

____

____

4. 比较中医名家的异同点。

（1）我们找到的相同处__________________

______________________________________。

（2）我们找到的不同处__________________

______________________________________。

（3）从他们身上我们学到了________________

____

______________________________________。

知识链接

传承中医文化

2003 年“非典”期间，吕炳奎以 89 岁高龄成立了“非典”防治小组，带领中医积极参与抗击“非典”的工作。但是种种原因使中医在治疗“非典”中，没有充分发挥作用。吕炳奎深切地认识到中医地位的缺失，便给领导写信呼吁重视中医：“中医学是中国文化的脊梁，脊梁断了，中华民族也就失去了独立性、民族性……抢救中医，是现时对中华民族最为重要的大事，是不能再拖延的了。”一腔热血，由此可证。

2003 年 12 月 10 日，吕炳奎因病逝世。斯人已逝，丹心犹在，正如裘沛然诗云：“杏林异日春光满，耿耿孤忠属此人。”

探究学习

1. 说说中医药在重大疾病暴发时所起的作用。

2. 说说我们该如何学习中医名家，传承中医药文化。

活动三 社会实践课程

知识链接

人物手册

人物手册由人物生平、人物成就、人物逸事、人物精神、配图等因素构成。人物手册可以是针对单独一人的，也可以是多位相关人物的。

探究学习

1. 搜集一位中医名家的相关资料。

（1）人物生平：

（2）人物成就：

（3）人物逸事：

（4）相关的人物图片：

2. 撰写一位中医名家的人物手册。

人物姓名：________________

（1）我撰写的手册：

____

____

____

____

____

____

（2）互动学习。

我们小组________同学的手册写得比较好，理由是：______

____

3. 整合单人的人物手册。

封面：______________________________

目录：______________________________

内容：______________________________

4. 评价中医名家手册。

主要评价指标：①封面是否美观；②人物生平是否完整；③人物成就是否详尽，评价是否客观；④插图内容是否合理美观；⑤人物精神认识是否深刻。

（1）封面是否美观：

____

____

（2）人物生平是否完整：

____

____

（3）人物成就是否详尽，评价是否客观：

____

____

（4）插图内容是否合理美观：

____

____

（5）人物精神认识是否深刻：

____

____

5. 我的反思。

在“中医名家史”课程的学习过程中，需要反思的内容主要有：

（1）我对这门课程是否感兴趣及理由：______________________________

（2）我对这门课程的学习是否认真：______________________________

（3）今后我是否会重视因果分析：______________________________

（4）我是否了解并学习医者的仁心：______________________________

（5）我是否尊重中医文化：______________________________

活动评价表

评价指标	自评	互评	师评
基础课程			
能说出扁鹊的生平			
能说出“四诊法”			
能制作张仲景的生平表			
能写出《伤寒杂病论》的成书过程			
能讲出《伤寒杂病论》的历史地位			
能写出我的收获			
能说出华佗逸事			
能写出史书对华佗成就的概括及评价			
能画出五禽戏的动作			
能讲出李时珍的逸事			
能说出《本草纲目》的成书过程			
能说出《本草纲目》的历史地位			
拓展课程			
能说出嘉定中医发展过程			
能说出嘉定中医在不同阶段的中医名家代表			
能完成资料的搜集			
能完成资料的整理			
能说出佩服的同学并说明理由			
能制作“中医司令”吕炳奎的生平表			

续表

评价指标	自评	互评	师评
参观纪念馆的态度是否良好			
能做好相应的参观信息的记录			
能写好活动体会			
能说出两位中医名家的异同点			
能说出中医药在重大疫病和瘟疫中所起的作用			
知道如何学习中医名家			
社会实践课程			
能写出中医名家的人物生平			
能写出中医名家的人物成就			
能写出中医名家的人物逸事			
能辨别出中医名家的人物图片			
能撰写中医名家的人物手册			
能说出我喜欢其他同学的中医人物手册的理由			
能依据评价指标对中医人物手册进行评价			
能评价其他同学的中医名家手册			
依据要求进行学习反思			

评价等级：优、良、一般

第五单元

中医职业道德

基础课程

1. 理解职业道德和职业操守的意义；
2. 了解职业道德和职业操守的重要性；
3. 分析医生的职业道德和职业操守。

拓展课程

1. 从职业道德和职业操守方面分析医生职业的特殊性；
2. 了解医德高尚的医生；
3. 了解各行各业拥有高尚职业道德和职业操守的人。

社会实践课程

1. 社会中医需求调查；
2. 采访先进中医工作者；
3. 汇报、交流、展示调查结果。

活动一 基础课程

知识链接

职业道德

职业道德的概念有广义和狭义之分。广义的职业道德是指从业人员在职业活动中应该遵循的行为准则，涵盖了从业人员与服务对象、职业与职工、职业与职业之间的关系。狭义的职业道德是指在一定职业活动中应遵循的、体现一定职业特征的、调整一定职业关系的职业行为准则和规范。不同的职业人员在特定的职业活动中形成了特殊的职业关系，包括职业主体与职业服务对象之间的关系、职业团体之间的关系、同一职业团体内部人与人之间的关系，以及职业劳动者、职业团体与国家之间的关系。

【新闻链接】

为战胜疫情，不仅仅有来自一线的医务工作者，更有来自各行各业的人们，如有阿里巴巴、腾讯、京东这些互联网公司的白领，有五菱、比亚迪、吉利这种有担当的企业的员工，有慈善家韩红之类的公众人物，有自发组织为医务人员提供酒店

住宿的业内人士，有无偿为医护人员送外卖的外卖小哥，有火神山、雷神山医院的建设者，有通过自己的渠道购买口罩、防护服、消毒用品的普通人，有将自己所有积蓄捐赠出来的退休老人，有为我们报道一线情况的记者……他们不计个人得失，他们不畏病毒感染，为祖国的抗疫斗争而贡献力量。

职业操守

职业操守是指人们在从事职业活动中必须遵从的最低道德底线和行业规范。它具有“基础性”“制约性”特点，凡从业者必须做到。

职业操守是人们在职业活动中所遵守的行为规范的总和。它既是对从业人员在职业活动中的行为要求，又是对社会所承担的道德、责任和义务。一个人不管从事何种职业，都必须具备良好的职业操守，否则将一事无成。良好的职业操守包括：诚信的价值观、遵守公司法规、确保公司资产安全、不泄密给竞争对手等等。

探究学习

1. 下列属于职业道德范围的是（　　）。

A. 司机范某把货物按时安全运送到某地。

B. 司机范某运送货物途中突感不适，但仍坚持将货物送往目的地。

2. 上面提到的新冠病毒肆虐期间，各行各业从业者的表现，请阅读后总结这几种工作的职业道德是什么。

A. 医生：________________

B. 互联网从业者：________________

C. 企业员工：________________

D. 慈善家：________________

E. 酒店工作者：________________

F. 外卖小哥：________________

G. 记者：________________

3. 认真读右图，请你总结一下并讲一讲，医生的职责中，哪些跟病患有关。

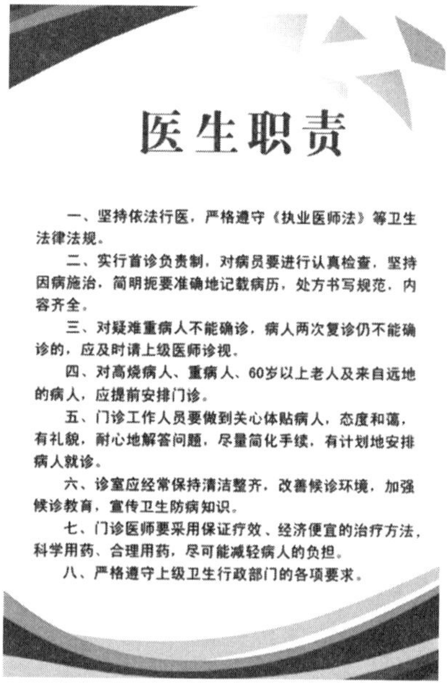

4. 你喜欢哪种职业？这种职业有哪些需要遵循的职业操守？

5. 你曾去过的哪个医院、看过的哪个医生让你印象深刻？他有哪些职业操守？请举例说明：

6. 在家长的陪同下，到家附近的有警察叔叔执勤的马路，去观察并描述一下他的工作状态，体悟警察叔叔的职业道德，至少用两个词来表述他的职业道德。

活动二　拓展课程

知识链接

医生的职业道德

医生的职业道德和其他职业相比似乎更具有特殊的重要性，因为在医疗这种专业度较高的领域，病人了解不多，很难做出正确的选择和决策。

医生职业的特殊性决定了一切临床医务人员必须时刻自觉地以高尚的医德标准来严格要求自己，对每一个直接或间接与病人有关的细微环节，都应该极端负责，认真对待。一位称职的医生应做到以下几点：一、救死扶伤，爱岗敬业；二、尊重患者，关爱生命；三、尊重同事，平等相处；四、仪表端庄，举止文明；五、医术求精，慎言守密；六、遵纪守法，廉洁行医。

探究学习

1. 请你分析医生职业道德的特殊性：________________________________

____

2. 请根据知识链接里提到的医生职业道德，找到一至三点，编写情景剧，撰写情景剧剧本。

（1）场景：

（2）人物：

（3）情景梗概：

（4）情景剧的中心思想：

3. 组间讨论，评价情景剧剧本。

◆ 主要评价指标：①人物形象：热情、耐心、医德高尚；②人物对话设计自然流畅、不做作，能反映其性格特征；③场景布置符合人物身份和故事情节；④道具逼真，最好用日用废品制作；⑤情景剧的中心思想合理。

（1）评价人物形象：

（2）评价人物对话设计：

（3）评价场景设计：

（4）评价道具设计：

（5）评价情景剧的中心思想：

4. 组间讨论，评价情景剧表演情况。

（1）评价演员的演出表现：

（2）评价人物道具的制作：

（3）评价场景的设计：

（4）评价情景剧的中心思想：

5. 随着新时代发展，对医生是否有更高的职业道德要求？请举例说明。

6. 通过网络搜索或者和长辈聊天，你了解到的医德高尚的医生有______

7. 信息搜索，触发感悟。

2020 年新冠疫情肆虐，无数医务工作者前赴后继，用自己的专业精神吹响胜利的号角。请你写下让你印象最深刻的抗疫医生，简单介绍一下他的事迹，并分析在他身上有哪些职业道德值得我们学习。

活动三 社会实践课程

知识链接

采访提纲的撰写

一般记者在去采访之前会准备一份采访提纲。如果要回答采访提纲怎样写的问题，先要回答什么是采访提纲。采访提纲说白了很简单，就是你要采访对象回答的一些问题的罗列。这些问题并不是干巴巴的罗列，需要你对他本身有一定的认识。

撰写采访提纲需要以下几个环节：（1）熟悉被采访人资料；（2）深入了解采访背景；（3）整理线索；（4）设计问题；（5）罗列你的问题。

探究学习

1. 预约采访对象。

（1）预约的采访对象是：________________

（2）预约方式：________________

（3）和采访对象沟通事项：________________

（4）确定采访时间：________________

（5）采访前准备工作：________________

____

____

____

____

2. 撰写采访提纲。

采访提纲

被采访人：

被采访人资料：

设计问题：

所遇到的问题：

3. 调查问卷。

（1）你知道调查问卷有哪几种吗？

（2）请你设计一款关于被采访对象的纸质版调查问卷，并将调查问卷简图画在下面的方框里，写出问卷中设置的问题。

（3）学习使用一款问卷设计 App 来设计一张电子问卷，请将电子问卷生成的二维码打印下来粘贴在下方，并和组员们分享。

4. 在 Word 里找到“插入”—“图表”—“图表类型”，进行各种统计图的制作和转换。

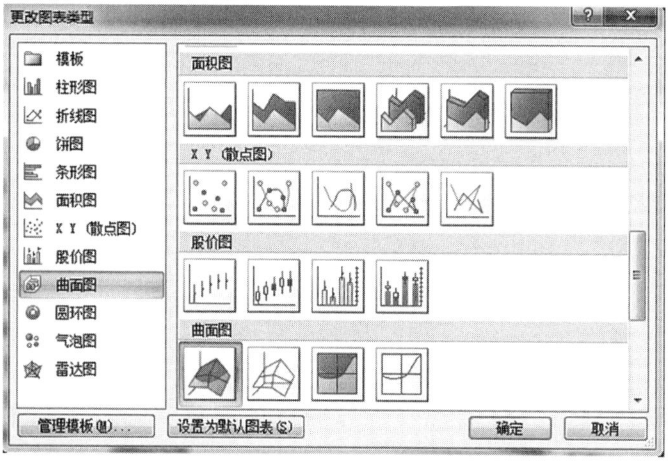

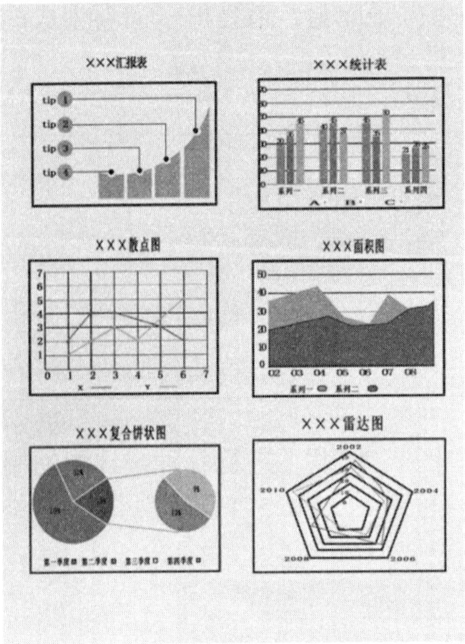

（1）学习以统计图的形式生成调查报告。

◆ 你知道的统计图有哪些？

◆ 这些统计图有什么特点，它们的区别有哪些？

◆ 请根据你设计的调查问卷绘制一种统计图，并说明选择此统计图的原因。

（2）交流展示心得体会。

◆ 你觉得自己的统计图怎么样？

◆你比较欣赏哪个同学设计的统计图，为什么？

学习评价表

评价指标	自评	互评	师评
基础课程			
能判断出职业道德的范围			
能了解一些职业的职业道德			
能总结出医生的职责			
能说出自己喜欢的职业，并知晓此职业的职业道德			
能说出让自己印象深刻的医生，并举例说出其职业操守			
能和父母一起去实地观察警察叔叔的工作			
能描述警察叔叔的工作状态			
能表述警察叔叔的职业道德			
拓展课程			
能分析出医生职业道德的特殊性			
能按照知识链接中的要求设计好情景剧的场景、人物			
能设计出有关职业道德的剧情			
能积极评价其他小组的情景剧演出			
能从人物形象、对话设计、场景设计等方面给出建议			
能利用搜索工具有效搜索信息			
能从参加抗疫的医务工作者中找出典型例子			
能简单了解参加抗疫的医务工作者的事迹并表述			
能从参加抗疫的医务工作者的身上学到他们的职业操守			

续表

评价指标	自评	互评	师评
社会实践课程			
能简要了解采访提纲的撰写			
能小组内合作完成预约相关事项			
能较全面地撰写采访提纲			
能广泛了解调查问卷的出卷形式			
能出一张纸质版的调查问卷			
能使用问卷星等工具设计电子问卷			
能将电子问卷的二维码下载、打印并分享			
能了解统计图的种类			
能知道各种统计图的特点和区别			
能绘制一款统计图			
能说明选择此统计图的理由			
能对自己的作品进行评价			
能发现其他同学的作品的长处，并说明理由			

评价等级：优、良、一般

第六单元

中医人物思想探究

基础课程

1. 了解《伤寒杂病论》的成书背景和影响；
2. 理解张仲景“辨证论治”思想的基本内容；
3. 知道“辨证论治”提出的重要意义；
4. 认识辩证分析问题方法的重要性；
5. 掌握在学习生活中辩证分析问题的方法。

拓展课程

1. 了解“堂”的中医典故；
2. 知道用“堂”命名的药店；
3. 了解一些知名的中医典故；
4. 知道一些知名的中医药方。

社会实践课程

1. 知道心肺复苏法的基本步骤；
2. 知道心肺复苏法的基本英语词汇；
3. 知道怎样运用心肺复苏法。

活动一　基础课程

知识链接

《伤寒论》序（节选）

观今之医，不念思求经旨，以演其所知，各承家技，始终顺旧。省疾问病，务在口给，相对斯须，便处汤药，按寸不及尺，握手不及足，人迎、趺阳，三部不参，动数发息，不满五十，短期未知决诊，九候曾无仿佛，明堂阙庭，尽不见察，所谓窥管而已。

【译文】

当今的医生，他们不想思考研究医学经典著作的旨意，用来扩大加深他们所掌握的医学知识，只是各自秉承家传的医技，始终沿袭旧法。察看疾病，询问病情时，总是致力于花言巧语，只图应付病人。对着病人诊视了一会儿，就处方开药；诊脉时只按寸脉，没有接触到尺脉，只按手部的脉，却不按足部的脉。人迎、趺阳、寸口三部脉象不互相参考，按照自己的呼吸诊察病人脉搏跳动的次数不到五十下就结束。病人垂危还不能确诊，九处诊脉部位的脉候竟然没有一点模糊的印象。鼻子、两眉之间及前额，全然不加诊察。这正如人们所说的“以管看天”似的很不全面罢了。

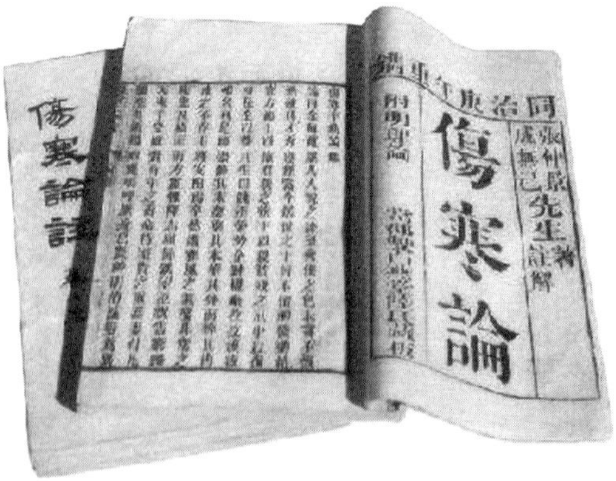

探究学习

1. 阅读。

公元3世纪初，张仲景博览群书，广采众方，凝聚毕生心血，写就传世巨著《伤寒杂病论》。其所确立的六经辨证的治疗原则，受到历代医学家的推崇。在方剂学方面，《伤寒杂病论》也作出了巨大贡献，创造了很多剂型，记载了大量有效的方剂。这是中国第一部从理论到实践、确立辨证论治法则的医学专著，是中国医学史上影响最大的著作之一，是后学者研习中医必备的经典著作，广泛受到医学生和临床大夫的重视。

2. 思考。

（1）《伤寒杂病论》与《伤寒论》《金匮要略》的关系是什么？

（2）《伤寒杂病论》对中医学界的主要贡献是什么？

（3）在以上《伤寒论》节选序文中，张仲景批判了当时医生行医用药的哪些负面现象？请分组讨论，找出这些现象。（至少三点）

（4）张仲景提出的辨证论治原则的基本内容是什么？

（5）辨证论治原则的实质是什么？

3. 小组讨论。

（1）我们小组五个人，姓名是：________、________、________、________、________。

（2）认领题：某某同学认领了第一个问题；某某同学认领了第二个问题；某某同学认领了第三个问题；某某同学认领了第四个问题；某某同学认领了第五个问题。

4. 交流。

（1）我认领的是第一个问题：《伤寒杂病论》与《伤寒论》《金匮要略》的关系是什么？

有人认为：《伤寒杂病论》成书后，受到广泛认可，达到“大行于世”的程度，但后来《伤寒杂病论》失传。《伤寒论》是王叔和根据自己搜寻到的《伤寒杂病论》的伤寒部分的佚文整理而成的。《金匮要略》是宋代王洙、林亿、孙奇等人偶然发现《伤寒杂病论》的残简，将关于杂病的部分整理成册，更名为《金匮要略》。

我的理解是：____

（2）我认领的是第二个问题：《伤寒杂病论》对中医学界的主要贡献是什么？

有人认为：在理论方面，该书确立了中医学重要的理论支柱之一——辨证论治思想，彻底否定了仅凭症状来判断疾病性质和采用治疗方法的主观诊断法。六经辨证治疗原则不仅确立了分析病情、认识症候及临床治疗的法度，还为诊疗一切外感热病提出了纲领性法则，也给中医临床各科找出了诊疗规律，成为指导后世医家临床实践的基本准绳。在方剂学方面，该书创造了很多剂型，记载了大量有效的方剂，被称为“医方之祖”。

我的理解是：____

（3）我认领的是第三个问题：在以上《伤寒论》节选序文中，张仲景批判了当时医生行医用药的哪些负面现象？

有人认为：第一方面是虽承袭名师，但因循守旧，对医术不加钻研；第二方面是察看疾病、询问病情，多赖口舌；第三方面是疾病症状不及细查，处方开药草率为之；第四方面是诊断问疾只重个别表征，不能诊察全部病情，难以确诊病情；第五方面是不能将病人各种症候相互联系，缺乏全面分析病症的能力。

我的理解是：______________________________

（4）我认领的是第四个问题：张仲景提出的辨证论治原则的基本内容是什么？

有人认为：医师在诊断疾病时，除了关注表面症状外，还要通过望、闻、问、切四诊，综合分析疾病的性质，因人、因病、因证来选方用药。

我的理解是：____________________________________

____

（5）我认领的是第五个问题：辨证论治原则的实质是什么？

有人认为：从现象、发展过程等各方面全面认识事物，透过现象看本质，做到具体问题具体分析。

我的理解是：____________________________________

____

5. 互评。

（1）________同学对我的第 × 个问题的理解表示赞同。

（2）________同学对我的第 × 个问题有不同的意见，他的理解是：__________

____

（3）________同学对某一个问题很有创见：____________________

____

知识链接

外实与内实

华佗是东汉末年著名医学家，与张仲景和董奉并称为“建安三神医”。华佗给府吏兒寻、李延治病时，面对同样头痛身热的病情，给出了不一样的治疗方法：“寻当下之，延当发汗。”最后两个人的病都好了。面对同样的病情，华佗指出“寻外实，延内实”，因人而异，具体分析，抓住本质，达到了治愈疾病的效果。

探究学习

1. 下列古诗文中蕴含了全面认识事物，抓住事物特征，具体问题具体分析思想的是（　　）。

A. 九层之台起于累土，千里之行始于足下

B. 横看成岭侧成峰，远近高低各不同

C. 问渠那得清如许，为有源头活水来

D. 梅须逊雪三分白，雪却输梅一段香

2. 举一个日常学习生活中的例子，说明自己是如何全面认识事物特征，抓住事物本质，具体问题具体分析的。

［示例］保温杯能保温。冬天，我们在保温杯里装入热水，经过几个小时之后，打开保温杯，水还是热的；我们在保温杯里装入冰冻的橘子汁，经过几个小时之后，橘子汁还是冰的。春、夏、秋天，我们分别把热水、冰冻橘子汁装入保温杯，经过几个小时，其温度和装入保温杯前一样，所以我们说保温杯能够保温。

____

____

____

____

◆ 我的同学________所举的例子是：________________________

____

____

◆ 老师的点评是：________________________________

____

____

____

活动二 拓展课程

知识链接

堂

张仲景在任长沙太守期间，正值疫疠流行，许多贫苦百姓慕名前来求医。他一反封建官吏的官老爷作风，对前来求医者总是热情接待，细心诊治，从不拒绝。开始他是在处理完公务之后，在后堂或自己家中给人治病；后来由于前来治病者越来越多，他应接不暇，于是干脆把诊所搬到了长沙大堂，公开坐堂应诊，创了名医坐大堂的先例。他的这一举动，被传为千古佳话。后来，人们为了纪念张仲景，便把坐在药店内治病的医生通称为"坐堂医"。这些医生也把自己开设的药店取名为"××堂药店"，这就是中医药店称"堂"的来历。

探究学习

1. 中医典故不仅生动有趣，而且内涵丰富，往往以小见大，反映出中医医师的高尚品德，从"堂"的故事中，我们可以看出张仲景怎样的医学品质？

____

____

2. 在日常生活中，你们见到过哪些以"堂"取名的药店？请简单介绍一下药店情况。

同仁堂、达仁堂、胡庆馀堂、乐仁堂、明善堂

3. 请四人一个小组，探究以下四个中医典故背后的故事。

苍生大医：

杏林春暖：

再世华佗：

橘井泉香：

4. 请从小组中推选出一名代表，选取其中一个典故进行故事讲解。

小组成员：

讲解人员：

讲解典故：

大家对他的讲解的评价：

我认为________的讲解很好，因为________。

知识链接

评《伤寒论》

张仲景《伤寒论》一书，天苞地符，为众方之宗，群方之祖，杂以后人知见，反为尘饭土羹。

——《中国医籍考·方论二》

探究学习

1. “众方之宗，群方之祖”的评价体现了张仲景《伤寒杂病论》一书的什么特点？

2. 请说出《伤寒杂病论》一书中你所知道的药方名称和主治病症。

药方

[示例] 桂枝汤方：

桂枝三两

芍药三两

炙甘草二两

生姜二两

大枣十二枚

主治病症

太阳病，头痛，发热，汗出，恶寒

活动三　社会实践课程

知识链接

心肺复苏

《金匮要略》中记述了对上吊自缢者的急救法："若心下微温者，徐徐抱解，不得截绳，上下安被卧之，一人以脚踏其两肩，手少挽其发，常弦弦勿纵之，一人以手按据胸上，数动之；一人摩捋臂胫，屈伸之。若已僵，但渐渐强屈之，并按其腹。如此一炊顷，气从口出，呼吸眼开，而犹引按莫置，亦勿苦劳之。"这是世界上记载最早的心肺复苏法。

探究学习

1. 四人一组开展五分钟小组讨论，写出心肺复苏法的要点。

◆ 小组成员：________________

◆ 用时：________

（1）开放气道：____

（2）人工呼吸：____

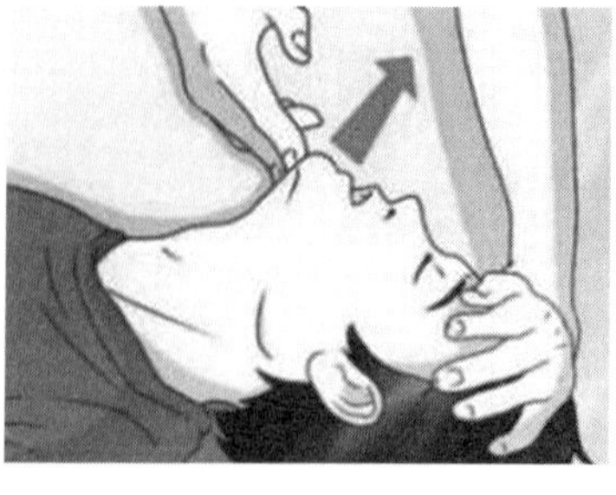

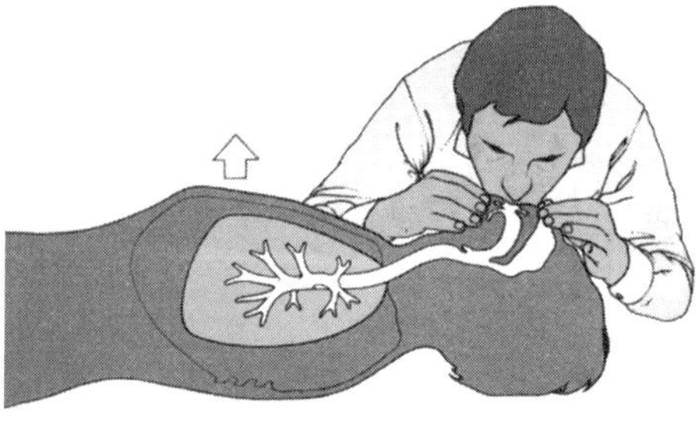

（3）胸外心脏按压：____

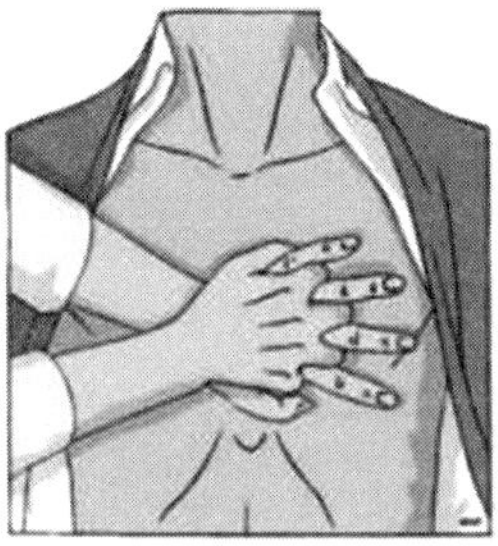

（4）在我们的讨论中，一点讲得较好的是________同学，两点讲得较好的是________同学，三点都讲得较好的是________同学。

2. 请写出心肺复苏法对应的英文名称。

心肺复苏法：________________　开放气道：________________

人工呼吸：________________　胸外心脏按压：________________

3. 心肺复苏法的使用有一定的适用情况，请在空白框内补充出其他情况。

在路边或其他地点发现有人倒地

⇩

	轻摇肩膀、耳边呼唤，没有反应	

利用节假日去地铁站寻找自动体外除颤器（AED急救设备），拍照片贴在右边的方框里。

4. 自动体外除颤器（AED 急救设备）主要用于救治的患者是____________。

5. 自动体外除颤器的使用步骤是：

第一步：____

第二步：____

第三步：____

第四步：____

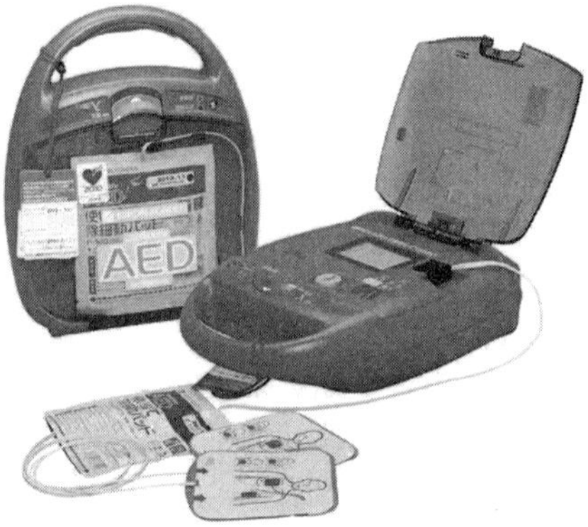

6. 到生命安全馆体验心肺复苏法。

体验者：________

模拟练习心肺复苏的要点：________、________、________

同学们的评价：____

老师的评价：____

7. 我的反思。

在“中医人物思想探究”课程的学习过程中，需要反思的内容主要有：

（1）我对这门课程是否感兴趣及理由：________________________

（2）我对这门课程的学习是否认真：__________________________

（3）今后我是否能全面认识事物、具体分析问题：________________

（4）我是否了解并学习医者的仁心：__________________________

（5）我是否尊重中医文化：__________________________________

学习评价表

评价指标	自评	互评	师评
基础课程			
能梳理清楚《伤寒杂病论》与《伤寒论》《金匮要略》的关系			
能说出《伤寒杂病论》在中医学界的主要贡献			
能说出行医用药的一些负面现象			
能将辨证论治原则与全面认识事物、具体分析问题的方法相对应			
能选出“横看成岭侧成峰，远近高低各不同”的选项			
能举出全面认识事物、具体分析问题的正面或反面事例			
拓展课程			
能归纳出张仲景的医者仁心品质			
能说出中医“堂”的意义			
能说出《伤寒杂病论》中常见的药方			
能将药方与主治病症相对应			
能掌握基本中医典故			
能对同学的典故讲解进行有效评价			
社会实践课程			
能说出心肺复苏法的基本步骤			
能熟练说出心肺复苏法相关的英文			
能判断出实施心肺复苏法的应用场景			

续表

评价指标	自评	互评	师评
能在模拟场景中采用心肺复苏法进行急救			
能按照评价指标对三位演员作出恰当的评价			
能反思对这门课程是否感兴趣及理由			
能反思对这门课程的学习是否认真			
能反思今后是否能全面认识事物、具体分析问题			
能反思是否了解并学习医者的仁心			
能反思自己是否尊重中医文化			

评价等级：优、良、一般

第七单元

中医药地理

基础课程

1. 知道气温和降水的概念，知道本市的气候类型和该气候类型的特点；
2. 知道在该气候类型控制下的地区适宜种植的中草药类型；
3. 理解气候对农业种植的影响。

拓展课程

1. 搜集本地区月气温、降水数据；
2. 绘制本市年气温曲线降水柱状图；
3. 根据气温和降水数据，知道本地区适宜种植特定中草药的季度；
4. 知道如何计算月平均气温；
5. 知道气温测量的百叶箱的基础功能。

社会实践课程

1. 知道如何制作气温测量百叶箱的简易模型；
2. 小组制作气温测量百叶箱的模型；
3. 读出百草园内的百叶箱所显示的气温并记录，计算月平均气温；
4. 知道百草园主要的灌溉设备与灌溉水源，计算得出低成本高效的灌溉方式；
5. 对课程所涉及的内容进行反思。

活动一 基础课程

知识链接

气温的概念

气象学上把表示空气冷热程度的物理量称为空气温度，简称“气温”。国际上标准气温度量单位是摄氏度（℃）。

天气预报中所说的气温，指在野外空气流通、不受太阳直射下测得的空气温度（一般在百叶箱内测定）。

最高气温是一日内气温的最高值，一般出现在14—15时；最低气温是一日内气温的最低值，一般出现在日出前。

降水的概念

降水是一种大气中的水汽凝结后以液态水或固态水降落到地面的现象，是自然界中发生的雨、雪、露、霜、霰、雹等现象的统称。

降水在空间分布上的不均匀与时间变化上的不稳定又是引起洪、涝、旱灾的直接原因。

拓展知识（一）

天气预报中所说的气温，是在观测场中离地面1.5米高的百叶箱中的温度表上测得的，由于温度表保持了良好的通风性并避免了阳光直接照射，因而具有较好的代表性。气温的差异是造成自然景观和我们生存环境差异的主要因素之一，与我们的生活关系非常密切。

空气温度记录可以表征一个地方的热状况特征，无论在理论研究上，还是在国防、经济建设的应用上，都是不可缺少的。气温是地面气象观测中的所要测定的常规要素之一。气温有定时气温（基本站每日观测4次，分别为2时、8时、14时、20时4个时次；部分测站根据实际情况，一天观测3次，分别为8时、14时、20

时 3 个时次。基准站每日观测 24 次），日最高、日最低气温。

通常人们用大气温度数值的大小，反映大气的冷热程度。我国用摄氏温标，以℃表示，读作摄氏度。

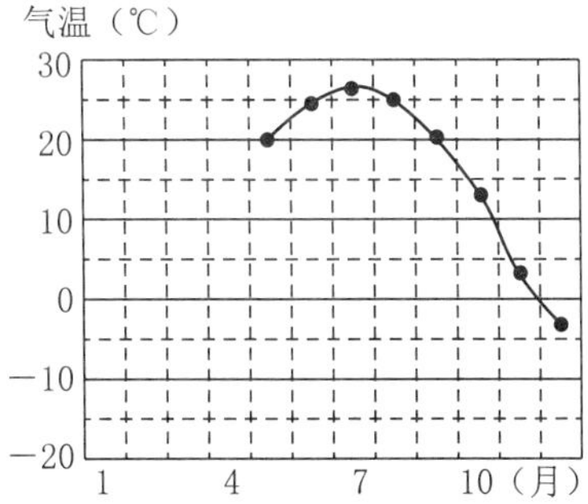

某地气温变化曲线图

拓展知识（二）

降水根据其不同的物理特征可分为液态降水和固态降水。液态降水有毛毛雨、雨、雷阵雨、冻雨、阵雨等，固态降水有雪、雹、霰等，还有液态、固态混合型降水，如雨夹雪等。

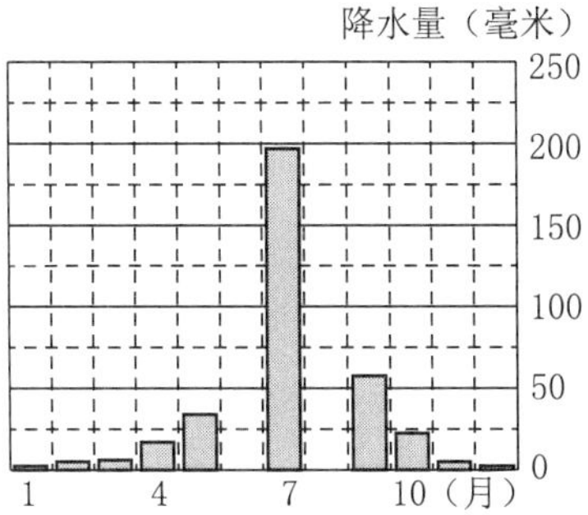

某地各月降水量柱状图

探究学习

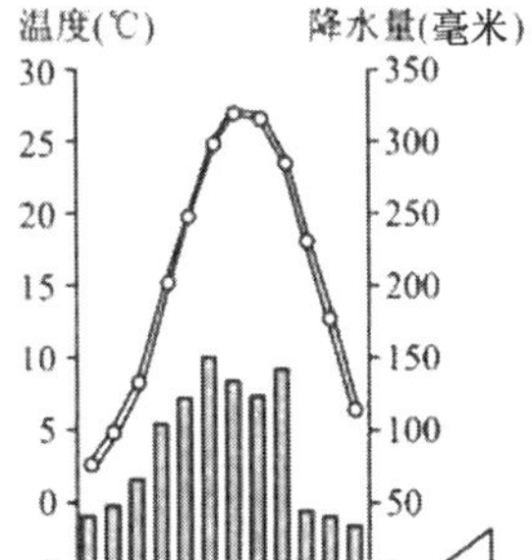

1. 分析题。

根据左边的气温曲线降水柱状图所示，上海的气候类是________。该气候的特征是：________________________

____

____

因此我们可以推断，在本地区种植的中草药的特性是：________（选填“喜温喜湿 / 耐寒耐旱”）

2. 阅读材料，思考并回答。

（一）

2020年以来，关于干旱的问题可以说还是不少。根据美国宇航局（NASA）2022年8月发布的消息，随着美国夏季气候变化的加剧，该国三分之一的人口已经面临干旱问题，这对美国来说不是一个好消息。美国西部大部分地区正处于严重干旱之中，所以如今的美国正处于缺水阶段。美国宇航局指出，2023年新英格兰地区将异常干燥和炎热，估计5300万人将生活在受干旱影响的地区。

（二）

2020年7月5日8时至6日8时，四川攀西地区、川西高原、盆地南部和东北部降大到暴雨，凉山州冕宁县、泸州市古蔺县局部降大暴雨。2020年7月6日早晨6时左右，阿坝州小金县宅垄镇元营村城隍庙沟（原新格乡元营村）吉峰沙场发生山洪，引发泥石流灾害，已造成3人死亡，1人失联，另有53名受灾群众被转移安置。

根据以上资料，请你思考：（1）气温和降水将如何对人类的生活生产产生影响？（2）其中对农业又有怎么样的影响？

3. 巩固基础，自主学习。

根据知识链接和拓展知识所学内容，完成下列表格，书写参照“气温的概念”一栏。

气温的概念	气象学上把表示空气冷热程度的物理量称为空气温度，简称“气温”。
降水的概念	
测量本校百草园内气温的方式	
测量本校百草园内降水的方式	
上海气候类型	
上海气候类型特点	
本校百草园内适宜种植的中草药类目	
月平均气温的计算公式	
月平均降水的计算公式	

活动二 拓展课程

知识链接

中国气象数据网

我们可以通过中国气象数据网（http://data.cma.cn/site/index.html）或用手机扫描下图中的二维码进入国家气象信息中心，也可以进入上海市气象局网站（http://sh.cma.gov.cn/）获取相关信息。

探究学习

下面是上海市2018年月平均气温和降水量数据表，请将平均最高、最低气温分别转换成曲线图，年平均降水量转化为柱状图。

上海月平均气温 / 降水量数据表													
月份	1	2	3	4	5	6	7	8	9	10	11	12	全年
平均最高气温	7.6	8.7	12.6	18.5	23.2	27.8	31.8	31.6	27.4	22.4	16.8	10.7	19.9
平均最低气温	0.3	1.1	4.9	10.4	15.3	20.1	24.7	24.7	20.5	14.3	8.6	2.7	12.3
平均降水量	44	62.6	78.1	106	123	159	134	126	156	50	48.9	40.9	1124

我绘制的气温曲线图和降水量柱状图

我的小组成员对我绘制的气温曲线图和降水量柱状图的评价：________________

____

老师对我绘制的气温曲线图和降水量柱状图的评价：________________

____

活动三 社会实践课程

知识链接

百叶箱

百叶箱是用来放置测定空气温度和湿度仪器的木箱，是气象站和观测场最醒目的标志之一。百叶箱的四壁由两层薄的木板条组成，外层百叶条向内倾斜，内层百叶条向外倾斜，百叶条与水平的交角是45度。箱底由三块木板组成，每块宽110毫米，中间一块比边上两块稍高一些。箱盖有两层。整个百叶箱都是白色。

探究学习

1. 根据图片所示内容，小组成员共同完成表格。

图片展示	外观与构成（颜色、形状、所用材料……）	小组分析所得的信息

2. 根据图片所示内容，小组成员共同完成气温百叶箱简易模型制作学习单。

制作学习单

<table>
<tr><td rowspan="2">制作前准备</td><td>准备材料</td><td>硬纸板、白色颜料、胶水、画笔、图钉、美工刀、吸管、百叶箱图片、温度计图片……</td></tr>
<tr><td>材料准备分工安排</td><td></td></tr>
<tr><td rowspan="2">制作流程</td><td>制作步骤</td><td>1. 切割硬纸板为长方形和正方形，准备模型的外观所需材料；
2. 为硬纸板涂上白色颜料，晾晒干；
3. 制作可开关的百叶箱门，注意要切割出百叶的形状；
4. 用胶水和图钉固定纸板，搭建百叶箱的基础结构；
5. 利用多根吸管模拟温度计，为其画上温度计的标识。</td></tr>
<tr><td>制作中的任务分配</td><td></td></tr>
<tr><td rowspan="2">制作完成</td><td>照片展示</td><td></td></tr>
<tr><td>小组制作感受</td><td></td></tr>
</table>

我的小组成员对我填写的制作单内容的评价：________________________

____

老师对我填写的制作单内容的评价：________________________

____

3. 小组活动：观察百草园内百叶箱的位置。

它处在百草园的________方（填写方位）。

4. 百草园月气温记录活动。

日期		记录时间	气温（℃）
该月平均气温为：____℃			

知识链接

喷　灌

喷灌中不同的喷头都有自己的喷洒距离。为使喷灌达到最高效能，部分喷头在设计时就提供了可调整的功能，随使用者在使用时调整喷洒角度以达到最合适的喷洒距离。那么喷洒的距离是什么因素决定的呢？

探究学习

1. 灌溉百草园。

（1）观察右图百草园与吴塘河的位置关系，百草园在吴塘河的________方向。

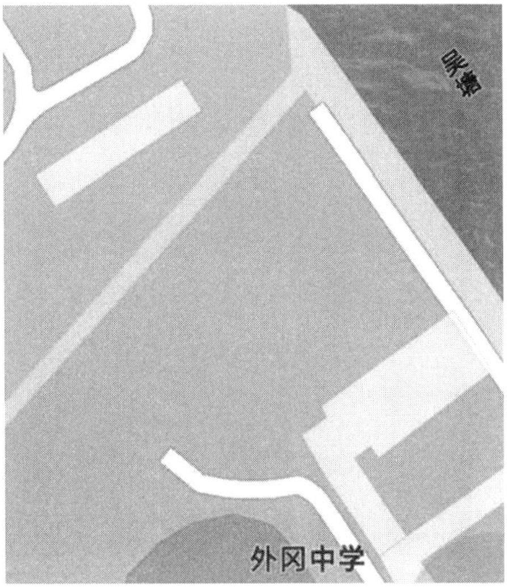

（2）请思考，如何利用吴塘河对百草园进行灌溉，写下你们小组的灌溉方案，并找一组进行对比。

本小组的灌溉方案	________组的灌溉方案

（3）灌溉指用水浇地，主要包括漫灌、喷灌、微喷灌、滴灌、渗灌、调亏灌溉等方式，分为播种前灌水、催苗灌水、生长期灌水及冬季灌水等类型。灌溉原则是灌溉量、灌溉次数和时间要根据药用植物需水特性、生育阶段、气候、土壤条件而定，要适时、适量，合理灌溉。观察下列表格中的图片，思考其灌溉方式是什么。

灌溉景观图	灌溉方式

续表

灌溉景观图	灌溉方式

（4）除了利用吴塘河水，还有什么其他的渠道可以灌溉百草园？写下你们的设想，发挥创意，也可以用绘画的形式表示。

2. 不妨把水滴想象成一个实心球或者沙包来模拟喷水的过程，请同学通过下面的探究活动一同来观察喷灌方式中喷洒距离与哪些因素有关。

请一位同学按照下面的要求抛实心球或沙包，一位同学进行测量和记录相关数据。

（1）选用不同质量的实心球或沙包。

（2）用不同力量，朝同一高度和方向抛出实心球。

（3）用不同角度，以相同力量和高度抛出实心球。

（4）用不同的高度，相同力气和角度抛出实心球。

（5）观察几次不同抛出方式最终抛出距离。

序号	实心球（沙包）质量	力气大小	抛出点的高度	与水平方向的夹角	抛出的距离
1	轻	小	高	0°	
2	轻	中	高	0°	
3	轻	大	高	0°	
4	轻	中	高	30°	
5	轻	中	高	50°	
6	轻	中	高	80°	
7	较重	大	高	0°	
8	重	大	高	0°	
9	轻	小	中	0°	
10	轻	小	低	0°	

分析比较序号 1、2、3 可以获得结论：当实心球的质量、抛出点高度和方向相同的时候，使用的力气越大，抛出的距离越__________。

分析比较序号 1、9、10 可以获得结论：当实心球的质量、抛出力气和方向相同时，抛出点的高度越高，抛出距离越_________。

分析比较序号 2、4、5、6 可以获得结论：当实心球的质量、抛出点高度和抛出的力气相同时，抛出的距离与________有关。

分析比较序号 3、7、8 可以获得结论：当实心球抛出点高度、抛出方向和抛出力气相同时，抛出的距离与________无关。

我的小组成员对我填写的探究内容的评价：____

老师对我填写的探究内容的评价：____

____

____

知识链接

抛物体运动

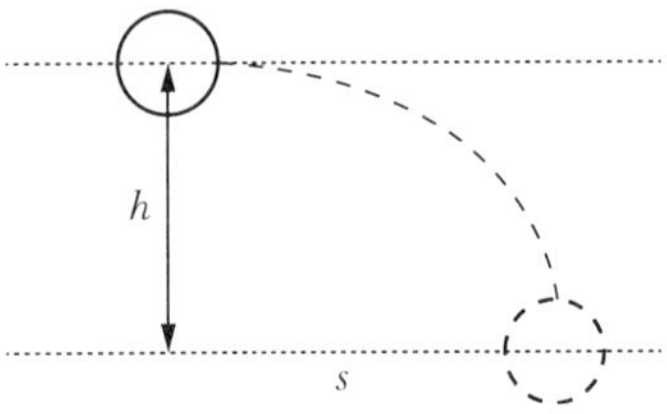

科学家经过不断的实验和努力，发现了抛出物体的远近仅取决于抛出时的速度大小和方向以及抛出点的相对高度。初始速度的方向可分解为水平分速度和竖直分速度，竖直方向决定了物体抛出后到落地的总时间，水平方向决定了物体抛出后的水平距离。

大量的实验数据表明，物体抛出后不考虑空气阻力等外界干扰，以水平抛出为例，其物体在竖直方向上运动的时间为：

$$t=\sqrt{\frac{2h}{g}}\quad g\text{ 取 }9.8,$$

理论上抛出的最距离为：

$$s=v\sqrt{\frac{2h}{g}}$$

同学们可以通过测量喷洒的最远距离和喷头的高度，利用科学计算器来计算出喷洒时喷头的出水速度，即：

$$v=s\sqrt{\frac{g}{2h}}$$

注意：这里的时间单位为秒，长度单位为米，速度单位为米 / 秒。

不同的抛出方式对应的表达式均不同，对于平抛而言，当我们的抛出速度慢慢增大时，抛出的距离也会越来越远，而当速度增大到一定值的时候，抛出的物体将不再落到地面，这便是宇宙第一速度的由来，其速度约为 7.9 千米 / 秒。

物理学家们通过研究计算，总结出了各种物体运动的表达式如下：

概念	速度 以竖直向上为正方向	通过的距离 以竖直向上为正方向	运动轨迹方程式
竖直上抛运动	$v=v_0-gt$	$s=v_0t-\frac{1}{2}gt^2$	—
斜上抛运动	$v_{水平}=v\cos\theta$ $v_{竖直}=v\sin\theta-gt$	$s_{水平}=vt\cos\theta$ $s_{竖直}=vt\sin\theta-\frac{1}{2}gt^2$	$y=x\tan\theta-\frac{gx^2}{2v^2\cos^2\theta}$
平抛运动	$v_{水平}=v$ $v_{竖直}=-gt$	$s_{水平}=vt$ $s_{竖直}=-\frac{1}{2}gt^2$	$y=-\frac{gx^2}{2v^2}$
斜下抛运动	$v_{水平}=v\cos\theta$ $v_{竖直}=-v\sin\theta-gt$	$s_{水平}=vt\cos\theta$ $s_{竖直}=-vt\sin\theta-\frac{1}{2}gt^2$	$y=-x\tan\theta-\frac{gx^2}{2v^2\cos^2\theta}$
竖直下抛运动	$v=-v_0-gt$	$s=-v_0t-\frac{1}{2}gt^2$	—

探究学习

请使用工具测量以下喷灌的喷头的各项数据，并使用科学计算器进行计算获得喷头的出水速度。水珠落地时间可以通过两位同学的配合，启动喷灌后用挡板挡住出水口，待喷头工作状态稳定后，撤去挡板后立刻再挡住出水口，用秒表进行测量单位取秒，保留 1 位小数。

测量对象	数据
喷管的喷头离地面高度	
喷灌达到的最远距离	
喷灌运动方式	
水珠落地时间	
喷头出水方向与水平夹角	
喷头的出水速度	

请同学们根据喷头的出水速度设计比较合适的喷头数量和摆放位置。

我觉得________同学设计的比较合理，因为________________________________。

老师觉得________同学设计的比较合理，因为________________________________。

参考样例

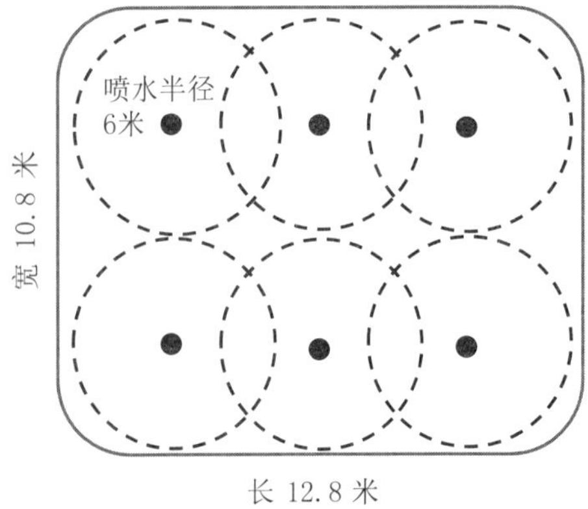

其他组的设计

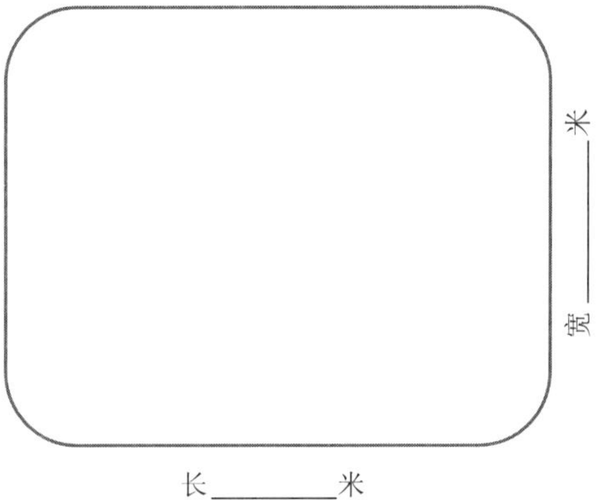

我的设计

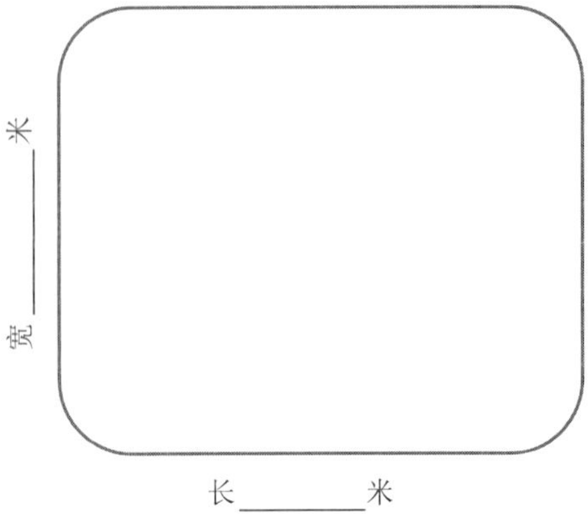

我修改后的设计

知识链接

某园区草坪一年灌溉费用计算

	喷灌设备浇灌	人工喷洒灌溉
一年用水量	10000 立方米	10000 立方米
水费	0.5 元 / 立方米	0.5 元 / 立方米
设备成本	10000 元	—
维修保养费	4000 元	—
人工费	3000 元	9000 元
管线材料费用	—	2500 元
一年总费用	第一年：$10000 \times 0.5 + 10000 = 15000$ 元 第二年：$10000 \times 0.5 + 4000 + 3000 = 12000$ 元	$10000 \times 0.5 + 9000 + 2500 = 16500$ 元

2020 年上海自来水收费标准

上海市居民阶梯水价按照年度用水量为单位实施。当累计水量达到年度阶梯水量分档基数临界点后，即开始实行阶梯加价。（排水量按用水量 90% 计算，居民综合水价中排水价格实际为每立方米 1.53 元。）

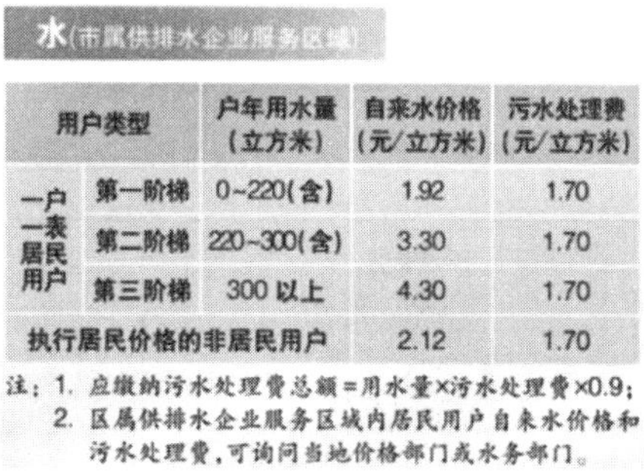

水（市属供排水企业服务区域）

用户类型		户年用水量（立方米）	自来水价格（元/立方米）	污水处理费（元/立方米）
一户一表居民用户	第一阶梯	0~220（含）	1.92	1.70
	第二阶梯	220~300（含）	3.30	1.70
	第三阶梯	300 以上	4.30	1.70
执行居民价格的非居民用户			2.12	1.70

注：1. 应缴纳污水处理费总额=用水量×污水处理费×0.9；
2. 区属供排水企业服务区域内居民用户自来水价格和污水处理费，可询问当地价格部门或水务部门。

执行居民水价的学校、福利院、养老院等非居民客户，用水价格为 3.65 元 / 立方米，其中，自来水价格为 2.12 元 / 立方米，排水价格为 1.70 元 / 立方米（排水量按用水量 90% 计算，居民综合水价中排水价格实际为每立方米 1.53 元）。

行政事业用户水价为 4.90 元 / 立方米（其中，供水价格为 2.89 元 / 立方米，污水处理费为 2.24 元 / 立方米）。

某户居民12月水费账单

账　　号：

抄 表 员：远传表抄表员　　本次抄表日期：2020-11-04　　下次抄表日期：1月上旬

抄表读数	上次抄表读数	774	本次抄表读数	798	用水量
	抄表状态				24
供水费	年累计用水量(m^3)		本期用水量(m^3)	单价(元/m^3)	金额(元)
	193		第一阶梯：24	1.92	46.08
代征污水处理费	用水量(m^3)	单价(元/m^3)	计算方式		金额（元）
	24.00	1.70*0.9	1.70*0.9*24.00		36.72
本期应付水费	上期零头结转（元）	0.00	本期金额（元）		82.80
	本期零头结转（元）	0.00	应缴金额（元）		82.80
备　注	您上次的账款113.90元尚未收到，若您已付款，可能在途中，若未缴款，请尽早缴；				

最后付款日期：2021-01-08

探究学习

1. 了解百草园不同灌溉方式的设备。

灌溉方式：自来水喷灌

所需设备：

喷嘴

____

____

灌溉方式：河水浇灌

所需设备：

抽水泵	________	________

2. 计算百草园不同灌溉方式的成本。

（1）我和________、________、________组成一个合作小组，我们选择计算________（填写灌溉方式）的成本，使用这种灌溉方式的中草药有____。

（2）计算一日用水量。

① 选择________（填写合适的工具）收集 1 分钟的出水量为________立方米，则 1 小时的出水量为________立方米。

② 小组成员查阅资料后可知，该中草药一天的需水量约为________立方米，则灌溉机器一天需要运作约________小时。

③ 我校根据________标准上缴自来水费用，自来水价格为________元 / 立方米，污水处理费为________元 / 立方米。

（3）查询不同水源的成本。

自来水	吴塘河河水
供水价格：	设备成本：
污水处理费：	维护费：
	其他：

（4）计算人工费。

若使用自来水喷灌设备浇灌，工作人员每月维修保养____次，每次____小时，1 小时需付费________元，则一个月的工资为________元。

若使用吴塘河河水喷灌设备浇灌，工作人员每月维修保养____次，每次____小时，1 小时需付费________元，则一个月的工资为________元。

<table>
<tr><td></td><td colspan="2">自来水喷灌设备浇灌</td><td>吴塘河水喷灌设备浇灌</td></tr>
<tr><td>一年用水量</td><td colspan="2"></td><td></td></tr>
<tr><td rowspan="4">水费</td><td>梯度</td><td></td><td rowspan="4"></td></tr>
<tr><td>单价</td><td></td></tr>
<tr><td>污水处理费</td><td></td></tr>
<tr><td>合计</td><td></td></tr>
<tr><td>设备成本</td><td colspan="2"></td><td></td></tr>
<tr><td>维修保养费</td><td colspan="2"></td><td></td></tr>
<tr><td>人工费</td><td colspan="2"></td><td></td></tr>
<tr><td>其他</td><td colspan="2"></td><td></td></tr>
<tr><td>一年总费用</td><td colspan="2"></td><td></td></tr>
</table>

注：若不按梯度缴纳水费，则无需填写梯度一栏。

3. 我的灌溉方式。

除了以上两种灌溉方式以外，我认为还有________种既节约成本又高效的方法，用文字或者图片介绍如下：

____

____

____

____

____

____

____

4. 他人的灌溉方式。

与我的灌溉方式相比，________同学的灌溉方式更节约成本且高效，用文字或者图片介绍如下：

____

____

____

____

____

____

____

学习评价表

评价指标	自评	互评	师评
基础课程			
能说出气温和降水的概念			
能判断出上海的气候类型和特征			
能说出本地区可种植的中草药的特征			
能分析气候中气温对农作物生长的影响			
能分析气候中降水对农作物生长的影响			
拓展课程			
能说出搜集气温和降水的数据渠道			
能画出本市气温曲线图和降水柱状图			
能计算本地区月平均气温			
能分析本地区适宜种植特定中草药的季度			
能说出气温测量的百叶箱的基础功能			
能观察总结百叶箱的外观结构所体现的信息			
社会实践课程			
能根据学习单准备百叶箱模型的材料			
能准确分工小组内部任务，完成自己的部分，积极合作			
能根据学习单步骤制作百叶箱模型			
能记录百草园的位置并记录与计算百草园内月平均气温			
能写出自来水喷灌和河水浇灌所需设备			

续表

评价指标	自评	互评	师评
能说出使用自来水喷灌的中草药			
能说出使用河水浇灌的中草药			
能计算一日用水量			
能计算不同灌溉方式的成本			
能正确填写表格			
能写出我认为既节约成本又高效的灌溉方法			
能发现其他同学更节约成本且高效的灌溉方法			

评价等级：优、良、一般

第八单元

中医药博物馆听讲

基础课程

1. 理解知识讲解的含义；
2. 掌握一些知识讲解的方法；
3. 了解上海中医药博物馆的历史；
4. 了解博物馆讲解。

拓展课程

1. 了解博物导游讲解的技巧；
2. 能对上海中医药博物馆“镇馆之宝”进行讲解；
3. 能对腊叶标本进行讲解；
4. 了解博物馆讲解员与博物馆导游的区别。

社会实践课程

1. 会搜集博物馆资料；
2. 能在别人游览博物馆时进行讲解；
3. 会对别人的讲解进行评价；
4. 对课程所涉及的内容进行反思。

活动一 基础课程

知识链接

讲解及讲解员

讲解是以陈列为基础，运用科学的语言和其他辅助表达方式，将知识传递给观众的一种社会活动。讲解员是沟通博物馆、纪念馆与社会的桥梁和纽带，是博物馆、纪念馆的名片，讲解服务的质量和水平直接影响着观众的受教育和参观质量，影响着博物馆、纪念馆的窗口形象，甚至影响到一个地区和国家的形象。讲解时应注意到情感性、互动性、直观性、形象性、创造性。

上海中医药博物馆

上海中医药博物馆的前身是创建于1938年的中华医学会医史博物馆，由上海中医药大学/中华医学会医史博物馆、中药标本陈列馆、校史陈列馆三部分组成，于2004年12月建成开放，建筑面积为6413平方米，陈列展出面积约4000平方米，年开放日超过300天。博物馆弘扬中医药和中医药文化，普及中医药科学知识，反映中医药学从形成到繁荣、从继承到创新的轨迹，是博大精深的中医药学和中医药文化的缩影。中医药博物馆雅致、新颖、大气，向世人展示中医药文化的风采，是全国、上海市、浦东新区科普教育基地，上海市科普旅游示范基地，上海高校民族文化博物馆，浦东新区爱国主义教育基地。

探究学习

1. 阅读知识链接并回答问题。

（1）讲解是____

____。

（2）讲解员的主要工作是____

____，讲解时应注意到五点：________、________、________、________、________。

（3）上海中医药博物馆的成立时间是____________________，它的前身是________________，由________、________、________三部分组成。

2. 四人一组，探究上海中医药博物馆的用途。

我们小组成员有：____

我们探究的结果是：____

____

我们小组反应最快的是：____

3. 小明是安徽省黄山市的一名中学生，今年暑假到上海游玩，住在现居嘉定的姑妈家里。其姑妈家距离上海市中医药博物馆 50 千米左右，请你为她提供两套交通方案，供其选择。

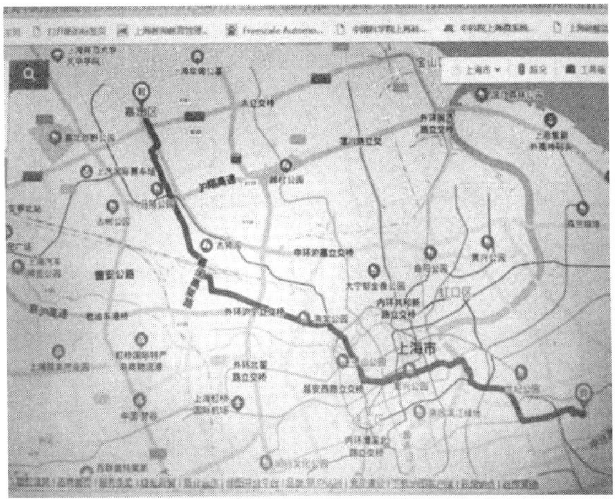

方案一：打车。用时 1 小时 6 分钟距离 47.7 千米，费用约 169 元，途经沪嘉高速、中环路。

方案二：公交（地铁）。用时 2 小时 26 分钟，距离 51.5 千米。嘉定 1 路→地铁 11 号线→地铁 2 号线，然后步行 2.3 千米。

我建议选方案一：____________________________________

我建议选方案二：____________________________________

知识链接

博物馆讲解

博物馆讲解是一种运用合理语言，以陈列作为基础，辅以其他方式将知识表达给受众的社会活动。作为博物馆的“活名片”，讲解员是重要的纽带和桥梁，将社会群众与博物馆连为一体。观众的参观质量和受教育程度直接受到讲解服务质量的影响，因此讲解员应进行深入的学习与研究，最大程度提升自己的讲解技巧，从而更好地服务于参观者。

探究学习

1. 博物馆讲解是________________________________活动。

2. 你有过博物馆讲解的经历吗？如果有，请对自己的经历进行评价。

我______（是 / 否）有过此经历。我的自我评价是：________________________________

____

活动二 拓展课程

知识链接

导 游

导游主要分为中文导游和外语导游。其主要工作内容为引导游客感受山水之美，解决旅途中可能出现的突发事件，并给予游客食、宿、行等方面的帮助。为吸引游客的注意，导游一般采取八种技巧进行讲解：分段讲解法、突出重点法、触景生情法、虚实结合法、问答法、制造悬念法、类比法、画龙点睛法。

在中国，凡希望从事导游业务活动的人都必须按规定参加导游人员资格考试。考试合格者，由国务院旅游行政管理部门委托省、自治区、直辖市人民政府旅游行政部门颁发导游人员资格证书。

探究学习

1. 导游是：________________________________

2. 导游的主要工作是：________________________________

3. 导游的主要讲解技巧有：________________________________

____

知识链接

上海中医药博物馆“镇馆之宝”——针灸铜人

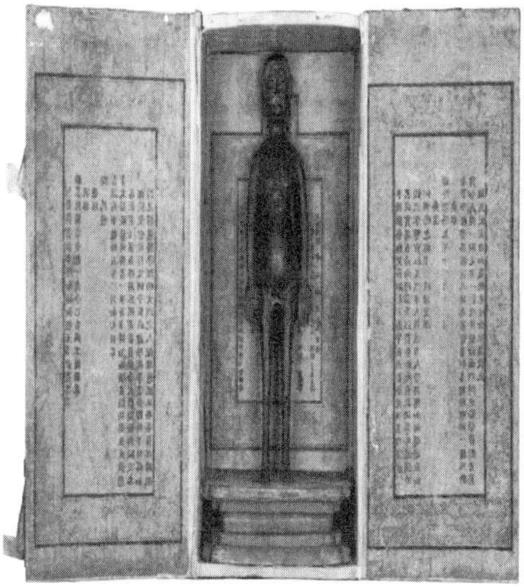

上海中医药博物馆的“镇馆之宝”是摆放在二楼展厅的1744年铸造的针灸铜人。据文字记载，乾隆皇帝为了嘉奖编纂综合医学丛书——《医宗金鉴》的编撰人员，定制了一批针灸铜人，如今国内仅存此一件带锦盒的完整器。这具针灸铜人是传世针灸铜人之中难得一见的老妇人的体态，高约46厘米，面容慈祥，体表刻有580个穴位，锦盒上印有皇帝玉玺，题跋上用汉满文注明铜人颁发给《医宗金鉴》的誊写官福海。

腊叶标本

腊叶标本又称压制标本，系干制植物标本的一种。采集带有枝叶、花、果实的植物的一段，经在标本夹中压平、干燥后，装贴在台纸上，即成腊叶标本，供植物分类学研究者使用。

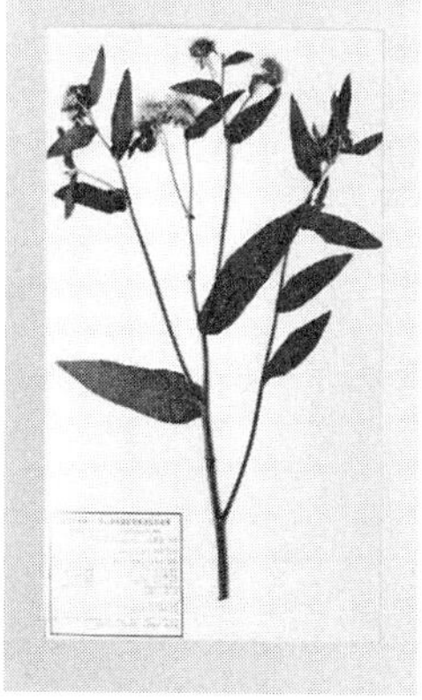

探究学习

1. 阅读材料，自主探究以下问题。

（1）上海中医药博物馆的镇馆之宝——针灸铜人的铸造时间是________，它是由清朝________皇帝定制的，铜人的体表刻有________个穴位。我认为其中最常用的几个穴位是：________________________________

它们分别位于：________________________________

（2）假如你是一名导游，你会用哪种方法（见知识链接“导游”）为游客解说此铜人，理由是：________________________________

____

____

（3）你还能说出其他标本的名称吗？小组讨论。

我们小组的成员有：________________________________

我们还知道一些标本的名称，比如：________________________________

____

____

（4）假如你是一名导游，你会用哪种方法为游客解说此腊叶标本？理由是：____

____

____

____

2. 根据所学知识，四人一组探究讲解员及导游的区别。

（1）我们小组成员是：________________________________

（2）我们探究的结果是：________________________________

____

____

____

活动三　社会实践课程

知识链接

扁鹊纪念馆

扁鹊纪念馆位于西安市临潼区，占地35亩，馆内有扁鹊堂、扁鹊墓等七八处景点，馆内陈列了大量经典中医学器械，如针灸铜人、近代的药碾器等，还有历代的中医药典籍供社会各界人士免费翻阅，该馆是目前全国最大的中国医史博物馆，全面反映了我国中医药文化的源远流长和博大精深。

探究学习

1. 阅读材料，自主探究以下问题。

（1）扁鹊纪念馆的地址在________，该馆内陈列了大量经典中医学器械，比如________、________。

（2）扁鹊纪念馆是目前全国最大的中国医史博物馆（　　）。（是，否）

2. 搜集扁鹊纪念馆的资料。

（1）我们的小组成员有____。

（2）我们通过相关媒介（网络、杂志、书籍、报纸）获取的资料是____。

（3）我认为最有价值的资料是________________________________。
我同学认为最有价值的资料是________________________________。

3. 假如你朋友要去参观扁鹊纪念馆，作为他的朋友，你用哪种方法为他介绍扁鹊纪念馆？小组讨论。

（1）我们的小组成员有________________________________。

（2）我们的讨论结果是________________________________
____。

4. 实战演练。

请按照讲解的基本要求写一段扁鹊纪念馆的解说词，字数 300 左右。

5. 评价讲解。

主要评价指标：①讲解时是否合理恰当处理自己的声音；②讲解时姿势是否优雅得体；③讲解时是否重点突出；④讲解时是否能吸引听者的兴趣。

（1）评价讲解时能否恰当处理自己的声音并吸引听者的兴趣。

____

（2）评价讲解时姿势是否优雅大方。

____

（3）评价讲解的内容。

____

6. 制作腊叶标本。

（1）我制作的腊叶标本名称是：________________

（2）我的标本制作步骤是：____

____

（3）我同桌制作的腊叶标本名称是：________________________________

（4）展示我的标本。

7. 我的反思。

在“中医药博物馆听讲”课程的学习过程中，需要反思的内容主要有：

（1）我对这门课程是否感兴趣及理由：______________________________

（2）我对这门课程的学习是否认真：________________________________

（3）今后我是否会继续学习博物馆讲解的相关知识：__________________

（4）我是否了解并学习讲解的技巧：________________________________

（5）我能否到博物馆中当一名合格的讲解员：________________________

学习评价表

评价指标	自评	互评	师评
基础课程			
了解讲解的基本含义			
了解讲解员的基本含义			
了解上海中医药博物馆的历史			
能说出推荐交通方案的理由			
知道上海中医药博物馆的主要用途			
了解博物馆讲解的基本含义			
知道博物馆讲解时应注意的五个技巧			
拓展课程			
了解导游及导游的主要工作内容			
知道导游的主要讲解技巧			
知道针灸铜人的相关信息			
了解人体常用的穴道			
能说出常用穴道的具体位置			
能用一种方法为游客介绍针灸铜人			
了解腊叶标本			
能说出其他标本的名称			
能为游客介绍腊叶标本			
能积极参与小组讨论			

续表

评价指标	自评	互评	师评
能明确导游及讲解员的区别			
社会实践课程			
了解扁鹊纪念馆的历史			
能积极参与搜集扁鹊纪念馆资料的活动			
能搜集扁鹊纪念馆相关资料			
能评价搜集资料的价值大小			
能选出一种恰当的方法为朋友介绍扁鹊纪念馆			
能成功讲解扁鹊纪念馆			
能写出一段讲解词			
能按照标准评价讲解时是否恰当处理自己的声音			
能按照标准评价讲解时是否吸引对方的兴趣			
能评价讲解时姿势是否优雅大方			
能评价讲解的内容是否重点突出			
能反思对课程是否感兴趣及理由			
能反思对这门课程的学习是否认真			
能反思今后是否继续学习博物馆讲解的相关知识			
能反思是否了解并学习讲解的技巧			
能反思自己是否能到博物馆中当一名合格的讲解员			

评价等级：优、良、一般

第九单元

四季与中医音乐养生

基础课程

1. 中医启蒙三字经演唱；
2. 了解养生四时的常识；
3. 了解一些医理知识；
4. 掌握中医名家的故事。

拓展课程

1. 中医养生歌曲探究；
2. 了解四季与民族五声调式的对应；
3. 了解民族五声调式与中医音乐的关联；
4. 掌握四季适合聆听的中医养生音乐。

社会实践课程

1. 中医养生歌曲竞赛；
2. 对敬老院老人们进行采访调查；
3. 能够表演一个音乐作品；
4. 对表演所涉及的内容进行反思。

活动一　基础课程

知识链接

中医启蒙三字经

人之初，树之苗，欲繁茂，有其招。天人一，形神道，养生法，四时调。
春风起，防感冒，食要清，缓去帽；夏多热，避暑扰，食须净，着轻薄；
秋风劲，常润燥，食喜津，慢加袄；冬多寒，应日照，食当温，衣棉袍。
人之初，树之苗，欲繁茂，有其招。起居事，规律找，四体勤，养莫娇。
逸有度，量力劳，忌熬夜，宜起早；餐应时，不过饱，五谷养，零食抛；
多饮水，蔬果好，慎油腻，糖盐少。衣适体，随季调，频晒被，枕勿高；
常洁齿，勤洗澡，护双目，热泡脚。善运动，爱思考，少烦忧，戒急躁。
琴棋乐，广爱好，游天地，乐陶陶。善调养，病难扰，勤学业，敬师老。
忆先贤，多仁孝，济世心，永称道。学医理，知奥妙，扬国粹，我自豪。
扁鹊游，民夸好，内妇儿，皆通晓；汉华佗，手术早，传古今，技艺高；
张仲景，医圣号，著伤寒，为师表；唐药王，孙思邈，重医德，精方药；
李时珍，编本草，纲目清，后世宝。大医多，难细表，明日才，吾辈找。
早启蒙，渐通晓，学医理，知奥妙。体强健，德学韬，扬国粹，我自豪。
中医学，自岐黄，五千年，益华邦。杏林暖，橘井香，要传承，要弘扬。

探究学习

1. 阅读材料。

“凡音之起，由人心生也。”音乐是大自然赋予人类最好的礼物，也是人们心灵跳动的声音。音乐的魅力可以抵达人的心灵，拨动人的神经，让人在流动的、玄想的体验中获得治愈。

千百年来劳动人民在劳动时、打夯时、拉纤时常演唱歌曲，用歌声为大家统一劳动节奏，更用歌声解除疲劳。歌声可以使人忘了辛苦，心情由此变得舒畅。所以说，音乐是人类最好的朋友。

2. 思考问题。

（1）《中医启蒙三字经》中“四时”指________、________、________、________。

（2）“慎油腻，糖盐少”，根据世界卫生组织（WHO）建议，每人每天摄入食盐的含量不要超过____克。每日的饮食应该________（清淡，油腻）。你平时最爱吃的蔬菜是________，最爱吃的水果是________。

（3）“枕勿高”和“高枕无忧”的观点有冲突吗？你认为更合理的是________。

理由：____

____

____

你的同桌认为更合理的是________。理由：________________________

____

____

（4）“忌熬夜，宜起早”，你每日大致的起床时间是________，睡觉时间是________。

（5）你认为几点睡觉才算熬夜？

____

（6）你是否有熬夜的现象？你在什么情况下熬夜？

（7）如果有，你觉得第二天有何不适的感觉？

（8）如果你未曾熬夜，请采访熬过夜的同学或者家长。

（9）查阅资料并解释什么是“医理”。举例说明你所了解的医理。

（10）《中医启蒙三字经》共有 14 行，选其中的一行（8 句），给它谱写一个曲子。

［示例］

6 5 6— | 3 5 6— | 5 3 2— | 6̣ 1 2— | 2 3 5— | 6 5 3— | 2 1 2— | 3 5 6—

人之初，树之苗，欲繁茂，有其招。天人一，形神道，养生法，四时调。

（11）谱曲后，四人一组，分小组分享各自所谱写的作品。

（12）小组内讨论交流，思考所谱写的曲子是否与《中医启蒙三字经》相合，同时说出最喜欢哪位同学的作品。

我最喜欢________同学的作品，理由是________________________

____。

（13）将谱写的作品进行展示，如有会演奏乐器的同学，可请其伴奏。我希望________同学为我伴奏，他的伴奏乐器是________________。

（14）《中医启蒙三字经》中出现了哪几位中医名家？请说一说其中一位中医名家的故事。

____

____

（15）在四人小组中，我最喜欢________说的故事，理由是________________

____

____。（请写出事例及事例所表现的精神）

（16）为自己探究的中医名家画个像，请画在右边方框内。

示例：

我所画的：

活动二 拓展课程

知识链接

春播秋收，用音乐调节身心；夏长冬藏，用音乐怡心养性

“春嘘明目木扶肝，夏至呵心火自闲。秋呬定收金肺润，冬吹肾水得平安。”孙思邈的卫生歌唱出了四季养生的奥秘与规律。

在肝、心、脾、肺、肾五脏各自所主的时间段里，该脏气血在人体内是最充盛的。根据中医学里五脏所主的时辰来聆听音乐、调理脏腑功能，音乐会像泉水一样洗刷脏腑污浊、滋养脏腑气血。

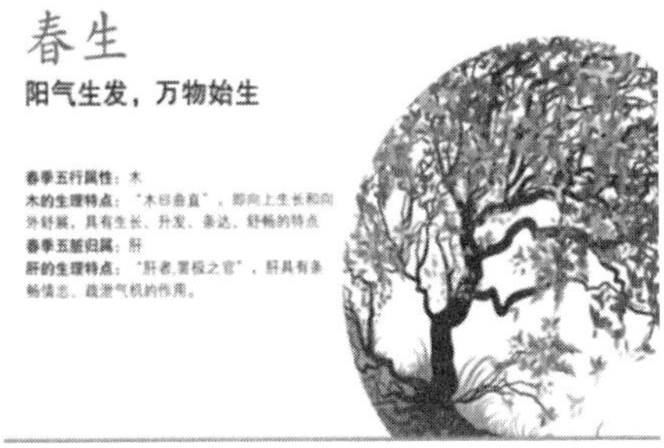

因此根据四季时节的不同，选择相应的音乐，往往能起到事半功倍的作用。

“一年之计在于春”，人们也开始了新的生活。春季主温，与五脏中的肝脏相对应。五行学说中，肝属木，与春相应，主生发，喜畅达疏泄而恶抑郁。所以，养肝首要一条是调理情志。

因此，春天应注意情志养生，保持乐观开朗的情绪。在春暖花开、万物复苏的春天，聆听轻快、活泼的音乐来唤醒我们沉睡的身心，通过音乐养生来平衡我们的生活。播种快乐，让自己每天都有好的心情。

传统中医认为，夏季阳气旺盛，养生应顺应自然：一方面应保护阳气，不应让它过于旺盛；另一方面也要滋阴调息，养护心脏。因此，夏季是养心的季节。在夏天，对

于正处于很“旺”地位的“心”，要重点养护。

炎热的夏季，人容易产生烦躁情绪，此时更宜调息静心，“心静自然凉”。听首轻松舒缓的音乐是一个自我调节的好方法，音乐能舒缓气息，使心里得到平静，让心脏得到休息。

秋是肃杀的季节。立秋是由热转凉的交接节气，也是阳气渐收、阴气渐长、由阳盛逐渐转变为阴盛的时期；是万物成熟收获的阶段，也是人体阴阳代谢出现阳消阴长的过渡时期。

秋内应于肺，肺在志为悲（忧），悲忧易伤肺。为了使人情志安宁，不轻易波动，秋季的音乐要以舒畅的曲调，营造出秋高气爽、令人心旷神怡的景象，特别在曲风的处理上，要在明快中见沉稳，使情志得以协调平稳，让情绪平稳通畅，远离失意、不安等状况，避免秋之肃杀乱肺的清静。

冬藏养生既是大自然植物与动物的生长规律，也是人类一条养生的原则，体现了“天人相应”的中医原理。

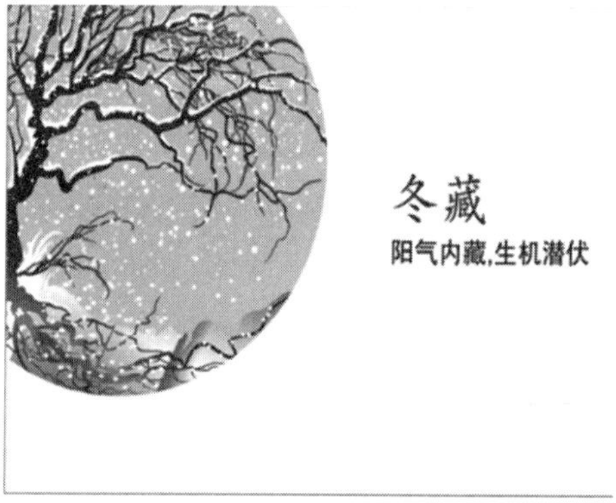

肾为先天之本，属水，肝属木，冬天养肾，肾好了，水生木，肝的生发功能就会得到滋养，春天才有生发之力。因此冬季养生在于“藏”，要早卧晚起，去寒就温，逆之则伤肾。因此在音乐的选择上，尽量是平稳、舒缓的，来表现在严冬中等待春天的跫音。那份知足自得之情，使情志与冬“藏”之气相适应。

探究学习

1.《步步高》乐曲。

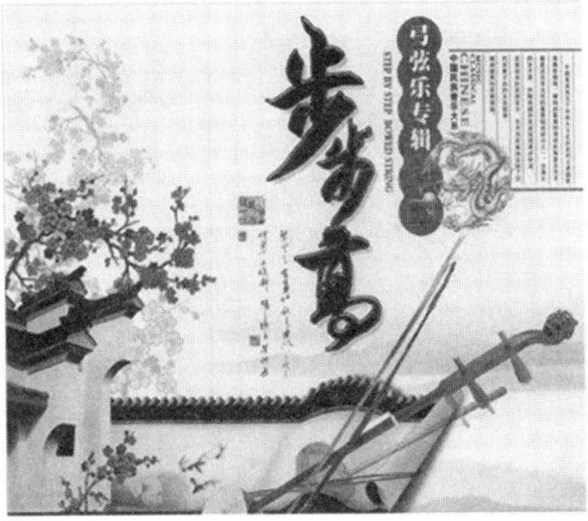

《步步高》是一首家喻户晓的广东乐曲，由吕文成作曲。作品旋律轻快激昂，迸发出一种奋发向上的情调。聆听此音乐可让人感受到新年的热闹场面。曲子洋溢着新春的喜庆气息，层次分明，为喜气洋洋的新生活带来更多的欢乐。

（1）我哼唱或者演奏乐曲《步步高》用了__________（时间）。如果演奏，用的何种乐器，能够画出乐器吗？

（2）在《中医启蒙三字经》中找出符合乐曲《步步高》意境的句子。

____

理由是：__________________________________

（3）四人一小组，组内交流并讨论：哪位学生找出的句子更符合《步步高》的意境？

____

理由是：__________________________________

2.《阳春白雪》乐曲。

《阳春白雪》是一首广泛流传的优秀古曲。曲调高昂，其包括属于土的宫音和属于火的徵音，一个助长肺气，一个平衡肺气，再加上属金养肺的商音，可以通过音乐把你的肺从里到外彻底梳理一遍。

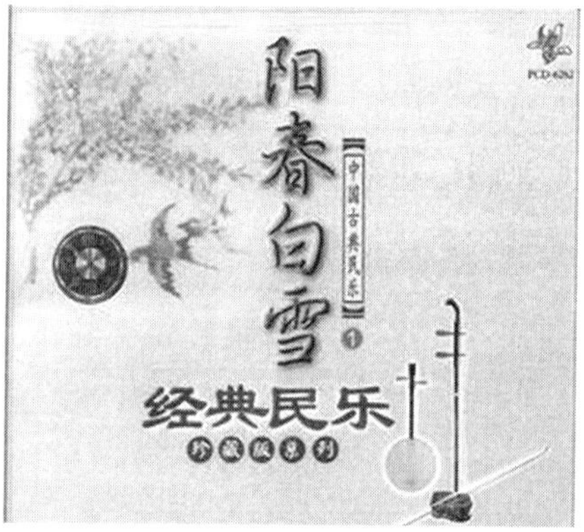

（1）中国民族五声调式是：________、________、________、________、________。

（2）四季中春季适合调养________；夏季适合调养________和________；秋季适合调养________；冬季适合调养________。

（3）阳春白雪的反义词是________。分别用“阳春白雪”和它的反义词造句。

◆ ____

◆ ____

（4）四人一组讨论，说说我更喜欢谁的句子。

____

____

3.《梅花三弄》乐曲。

《梅花三弄》这首曲子舒缓合宜的五音搭配，不经意间运用了五行互生的原理，将产生的能量源源不断输送到肾中。一曲听罢，令人神清气爽，倍感轻松。

（1）《梅花三弄》通常是用________或________演奏。

（2）在乐器演奏过程中，通过________展示“三弄”。

（3）在网络上聆听《梅花三弄》，是否有种神清气爽的感觉？请用一句比喻句表达你心中的感觉。（如：大夏天，像喝了一杯酸梅汤的感觉。）

____

（4）我觉得听________（曲目），也有神清气爽的感觉。

4.《渔舟唱晚》乐曲。

《渔舟唱晚》是一首古筝曲，标题取自唐代文人王勃《滕王阁序》中“渔舟唱晚，响穷彭蠡之滨”的句子。乐曲描绘了江南水乡在晚霞辉映下，渔人载歌直至月光如水、万家灯火的动人画面。

（1）《渔舟唱晚》根据古曲《________》的素材改编而成。

（2）画一幅“江南水乡，晚霞辉映，渔人载歌”的画面。

（3）“渔舟唱晚，响穷彭蠡之滨”的“穷”是什么意思？“彭蠡”指的是什么地方？

____

活动三 社会实践课程

知识链接

慰问敬老院老人并表演节目

爱老敬老是中华民族传承数千年的高尚情操。作为新时代接班人，我们应当大力弘扬中华民族尊老敬老的传统美德，增强自我社会责任感。我们将开展一次传递爱心活动——慰问敬老院老人并表演节目。通过这次社会实践活动，锻炼自己的社会交往能力和敢于展现自我才华的能力。期待大家一起走访敬老院，献上爱心，让爷爷奶奶们感受到你带去的关爱和温暖！

探究学习

1. 先了解当地的敬老院位置。

街道:______________ 名称:________ 门牌号码:________

2. 画出从学校到敬老院的路线图。

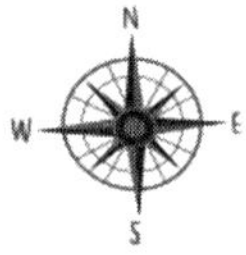

3. 组成一个四人小组，去调查相关信息，分工如下：

组长（协调）：________

提问员：________

记录员：________

其他：________

4. 我们设计的有关老人与音乐的问题是：

（1）____________________

（2）____________________

（3）____________________

5. 除了上述问题，再填写三位你所采访的敬老院老人的调查表。

老人姓名（年龄）	曾经的职业	喜爱的表演类型	最喜爱的歌曲

6. 根据调查表，整理出老人们的需求表，并根据表演节目需求调查表，招募志愿者。

名　称	主　角	配　角
戏曲名称		
歌曲名称		
乐器演奏		
小品、相声		
舞蹈名称		
其他		

7. 在方框内写演出应注意的事项。

8. 演出分工。

主持：________

摄影：________

陪护：____

应急：____

维护秩序：____

通讯稿写作：________

9. 附上一张你认为演出中最精彩的照片。

10. 谈一谈表演之后的感想。

____

____

____

____

学习评价表

评价指标	自评	互评	师评
基础课程			
能知道《中医启蒙三字经》中的“四时”			
能了解“枕勿高”和“高枕无忧”是否矛盾			
能明白“熬夜”的相关知识			
能举例说明所了解的医理			
能为《中医启蒙三字经》谱曲			
能分享并讨论所谱写的曲调			
能将谱写的作品进行伴奏			
能说出中医名家的故事			
能为中医名家画个像			
拓展课程			
能哼唱或演奏《步步高》			
能画出所演奏的乐器			
能在《中医启蒙三字经》中找出符合《步步高》意境的句子			
能掌握中国民族五声调式			
能知道四季所调养的器官			
能知道“阳春白雪”的反义词并造句			
能知道《梅花三弄》的演奏乐器			

续表

评价指标	自评	互评	师评
能知道通过徽位展示“三弄”			
能感受《梅花三弄》的音乐情绪			
能知道《渔舟唱晚》所根据的古曲素材			
能绘制“江南水乡，晚霞辉映，渔人载歌”的画面			
能解释“渔舟唱晚，响穷彭蠡之滨”所指的地方			
社会实践课程			
能了解敬老院的位置			
能画出从学校到敬老院的路线图			
能组成小组，明确分工			
能设计出三个有关老人与音乐的问题			
能完成敬老院相关调查表			
能写出演出注意事项			
能进行演出分工			
能展示一张最精彩的演出照片			
能及时写下自己的感想			

评价等级：优、良、一般

第十单元

中医本草插画

基础课程

1. 仔细观察本草，了解本草的形态特征及饮食功效；
2. 尝试运用线条、形状、色彩等造型元素记录、描绘本草。

拓展课程

1. 针对写生的本草图谱，用夸张、变形、添加等图形处理方法在本草图谱基础上创意本草插画；
2. 在创意本草插画的体验中学会色彩、构图、空间等造型元素的运用；
3. 了解养生茶与廿四节气的关系，能用动漫说故事的形式讲一讲美食的功效。

社会实践课程

1. 尝试本草的标识设计与图案设计，知道本草设计与生活运用的关系；
2. 能运用创意的本草插画装饰中国古典服饰、团扇、花瓶等生活物品；
3. 美化家庭或校园，鼓励同学们积极参加校园美术创意实践；
4. 了解插画装饰生活的特殊价值。

活动一 基础课程

知识链接

何为本草?

西汉晚期,“本草”一词已广为使用,它既是药物学的代称,又是医药学专著的替名,本草学已成为医生的必修学科,也涌现出一批通晓本草的学者。现存最早的专著为《神农本草经》(简称《本经》)。

伟大的医药学家李时珍,以毕生精力,亲历实践,广收博采,实地考察,对本草学进行了全面的整理总结,历时27年编成《本草纲目》。全书52卷,约200万言,收药1892种(新增374种),附图1100多幅,附方1.1万则。

此书于17世纪末流传到海外。

古人谓:“诸药草类最多,诸药以草为本。”由于中药的来源以植物性药材居多,使用也最普遍,所以古来相沿把药学称为“本草”。

探究学习

1. 细看下图，图中描绘的是哪一种本草？运用的是什么绘画方法？你知道它们的功能吗？讲一讲并请写下来。

本草名称	
绘画方法	
养生功效	

2. 百草园写生。

画画是件快乐的事，百草园里的奇花异草在我们的笔下会被赋予灵性。每种草药都有各自的味道和色彩，中草药不但有花，还有根、茎、叶，让我们一起来认识中草药，画一画自己喜欢的中草药吧！

（1）请同学们仔细观察草药的茎、叶、枝、果实，它们长得各有特色，有的像____________________，有的像____________________，你喜欢的中草药是____________________。

绘蒲公英的步骤：

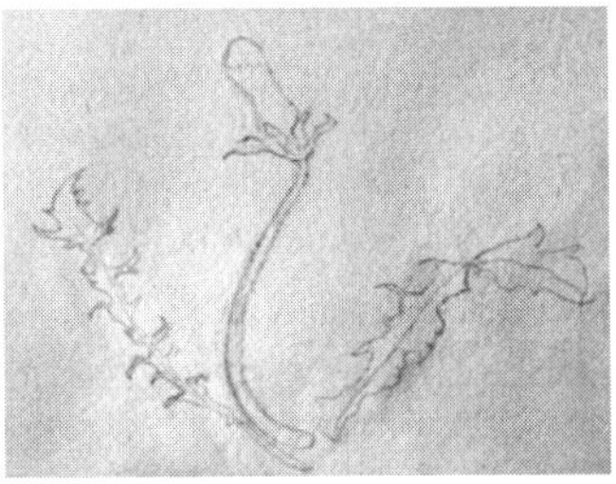

第一步：打底稿图。 用铅笔在画纸轻轻地勾勒出蒲公英的大致轮廓。	第二步：上色。 用橡皮擦擦淡铅笔勾勒的笔痕，用浅绿色分别给花托、花茎和叶子铺垫一层色。	第三步：深入描画。 用墨绿色轻轻地给叶片画出边缘线，用浅绿色或者黄绿色绘出叶片正中间的纹路。

（2）请将在百草园写生的作品画在下面方框里，并从本草名称、绘画方法、养生功效几个方面介绍所画的本草。

3. 照片写生。

（1）查找你喜欢的中草药图片，用文字简单概括其中文学名、所属科目、花语、分布地域、开花季节、花期、外形特征、药用价值等，并记录下来。（如月季花：蔷薇科、味甘、温，归肝经，消肿散结。）

（2）准备绘画工具。

水彩颜料、铅笔、卷笔刀、毛笔、塑形橡皮擦、画纸、调色盘、清水等。

（3）百草花卉的照片写生方法。

第一步：观察花卉的特点。

名称：朱锦

特点：形状呈圆形漏斗结构，花瓣外翻。雄蕊和雌蕊长在一起。

寓意：清新、纤细之美。

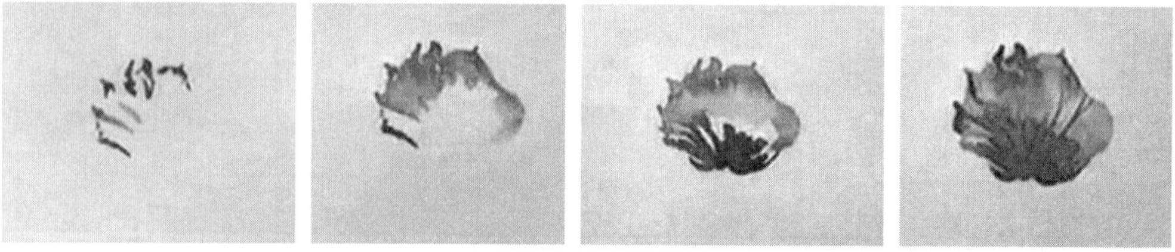

第二步：开始描绘朱锦花瓣的形状。

第三步：加上细节，调整、完成。

温馨提示：在上色时，一定要控制好毛笔上的水分，在底色没干透前尽量不要叠加其他的颜色，不然会导致画面有“脏、乱”的感觉。

（4）请按照自己准备的本草照片，在下面方框中画一画，并在图案旁介绍本草的功能。（要求：构图合理，观察仔细）

【温馨提示】

§ 先画外轮廓再画细节；

§ 注意叶子的造型及生长方向；

§ 注意叶子和花的疏密及层次关系；

§ 注意枝条穿插关系及花的朝向；

§ 枝干用线要有力，花朵用线要流畅圆润。

活动二 拓展课程

知识链接

二十四节气与养生

殷墟甲骨文中已经有了历法纪年，《尚书·尧典》有春分、夏至、秋分、冬至四个节气的划分，战国时代发展为二十四节气。

一年四季，二十四节气形成了气象万千的自然现象。人与自然界是统一的整体，二十四节气的变化，随时都影响着人体的生理变化，而为人体提供所需营养的饮食与人的五脏又有着密切的关系。所以，人的饮食养生也必须顺应时节，符合四季二十四节气更替变化的客观规律，达到健康养生的目的，如小满，小满节气是皮肤病的高发期，按未病先防的养生观，饮食调养上对各种类型的皮肤病人，均宜以清爽清淡的素食为主，常吃具有清利湿热作用的食物（如赤小豆、薏苡仁）。

《黄帝内经》云："顺四时之度而民不有疾。""服天气而通神明。"对自然界阴阳的变化，"逆之则灾害生，从之则苛疾不起"。春三月，此谓发陈；夏三月，此谓蕃秀；秋三月，此为容平；冬三月，此谓闭藏。中医养生就是根据四季特点采取不同的饮食滋补方案。我们要了解本草生长与二十四节气的关系，体会中国人"天人合一、顺势而为"的生命节奏。

探究学习

1. 你了解二十四节气与饮食养生的关系吗？请分组上网查一查，并选择一个节气填写如下表格：

美食名称	花草组成	功效	适合节气	小组成员
（可以是茶、点心、粥等）				

2. 用动漫说故事的形式讲一讲这个美食的功效（如范图）。

3. 梦幻空间大挑战。

梦幻空间是由一些看似毫不相干的事物组合而成，表现梦境、幻想或某种意念。梦幻空间的表现方法，一是变形，二是错位。

（1）你知道梦幻空间的画家吗？请举一例。

______

（2）你认为创作数字梦幻空间需要哪些“PS”工具？

______

（3）试一试：请你以“敬畏自然，走进百草”为主题，运用学过的PS软件，通过变形和错位的方法创作有个性的梦幻数字插画！（请参考上面图例）

活动三　社会实践课程

知识链接

百草园标志设计

标志是VI设计重要的构成要素之一，在我们的生活中随处可见，它依靠简洁、美观的视觉形象传递信息。VI设计是视觉识别系统（Visual Identity System）设计的简称，是学校、企业等机构和重大活动的形象设计的重要组成部分。要素包括标志、标准色和标准字，应用包括物信纸、信封、纪念册等。

探究学习

1. 我们学校有一座百草园，那里是我们探索自然的基地。让我们走进百草园，了解百草园，尝试运用图形构成的形式为百草园设计标志。

标志的形式分三类，分别是____________，____________，____________。

2. 百草园里的中草药品种繁多，我们可以选择生活中常见的银杏、菊花和枸杞作为原形。

3. 标志图像创意的方法：

简化

重叠

重复

4. 标志设计的步骤：

确立百草

修改

上色

知识链接

百草纹样设计

绘制纹样是人类最早的艺术行为之一，人类通过纹样来美化生活、表达情感和寄托希望。从原始社会的彩陶，奴隶社会的玉器、青铜器，再到封建社会的陶器、

金银器、漆器、丝绸、雕刻、家具、建筑等古代文物中，都能找到大量的纹样。纹样不仅促进了人类社会的发展，也丰富了社会文明的内涵。

探究学习

1. 按照题材，纹样可分为：________、________、________、________、________。

2. 常见纹样的构图形式有________、________。

3. 纹样的色彩设计以________、________为原则。

4. 了解单独图案设计步骤。

写生

简化

添加

5. 了解二方连续图案设计步骤。

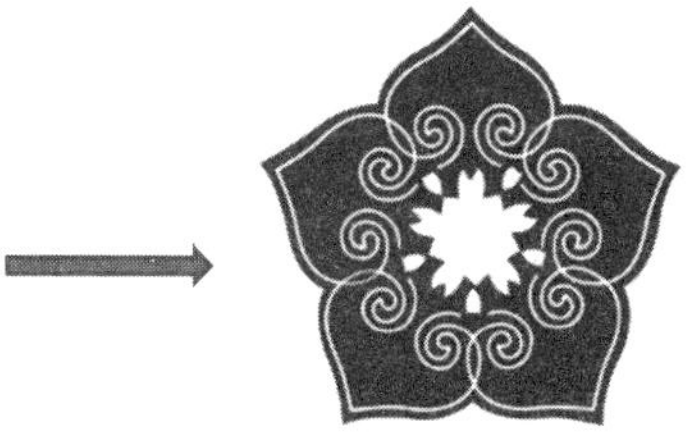

1. 简化、秩序化
2. 添加
3. 设计颜色

按照一定骨架反复

（1）把拷贝纸覆盖在你想画的画上。

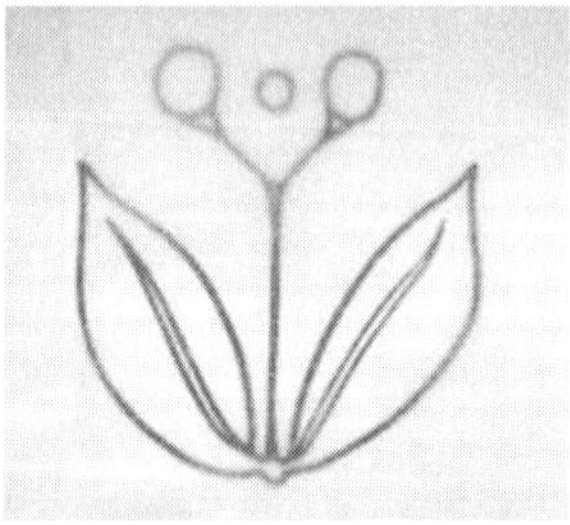

（2）用笔把拷贝纸上呈现出的图像一笔笔描出来。

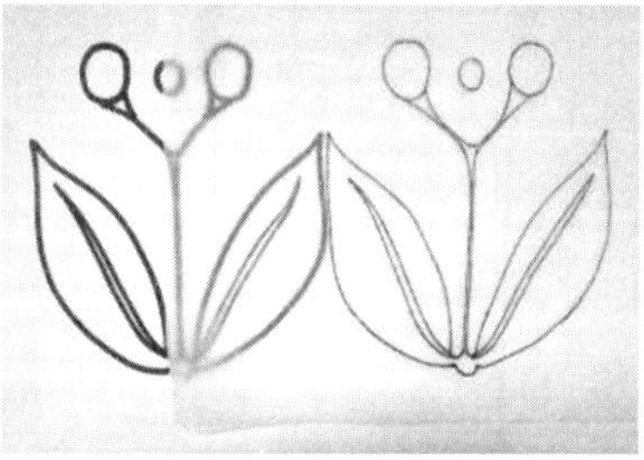

（3）在图中依次印上。

6. 以下面本草为一个单位纹样，按照一定骨架绘制二方连续纹样。

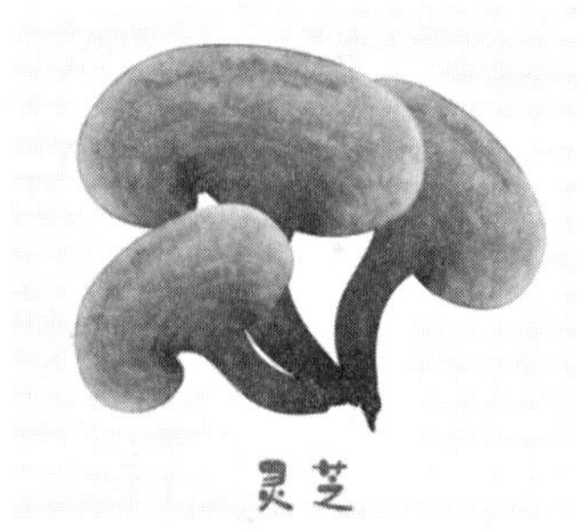

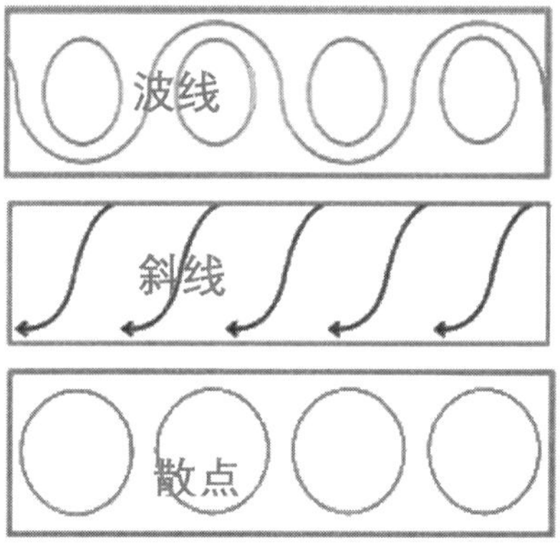

知识链接

本草扮生活

在校园生活中，我们曾用我们设计的本草插画装饰过团扇、包包、墙面，我们也为养生茶设计过包装，目的是让同学们了解插画装饰生活的特殊价值，展现丰富多彩的校园文化特色，让中医药科技课程在传播上得到直观的视觉呈现，让学生在本草装扮生活的实践活动中，更加深入地了解本草。

探究学习

1. 你选用的本草是________，你采用的图形处理的方法是____________________

____。

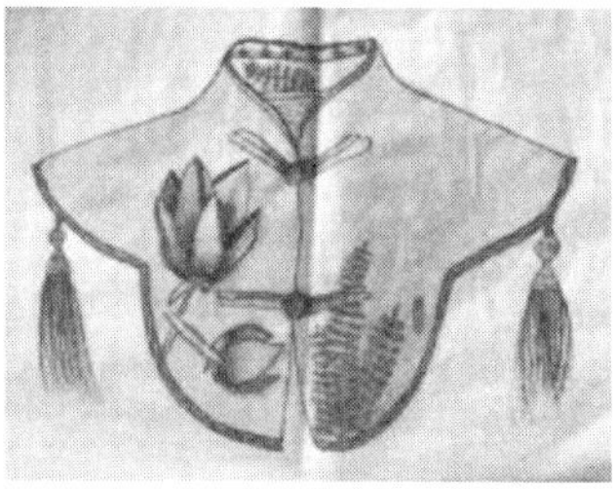
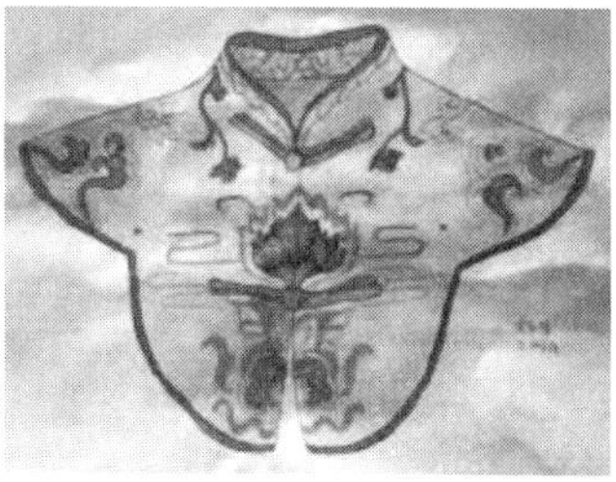

2. 你选择的手绘物品是（团扇、帆布包、花瓶、手机等）：____________________

____。

3. 小组合作，选择百草园代表性的本草，运用一定的装饰手法和连续纹样的组织形式，为某个生活物品空间进行图案绘制。

◆ 要求：（1）造型简洁；（2）美观大方。

学习评价表

评价指标	自评	互评	师评
基础课程			
能够按照要求进行图片分析			
能够了解本草的形态特征			
掌握本草的写生步骤			
尝试运用线条、形状、色彩等造型元素描绘本草			
运用自己喜欢的绘画手法进行本草照片写生			
拓展课程			
知道本草养生与二十四节气的关系			
能够根据范图用动漫说故事的形式讲一讲美食的功效			
会用夸张、变形、添加等图形处理方法创作本草插画			
能够举出一位梦幻空间画家的例子			
知道创作数字梦幻空间需要哪些“PS”工具			
在创意本草的体验中学会色彩、构图、空间等造型元素			
社会实践课程			
能够尝试为百草园设计标志			
知道纹样设计的相关知识			
能够用自己设计的纹样装饰生活用品			

评价等级：优、良、一般

第十一单元

中医花草茶

基础课程

1. 理解英语文本“Herbal Tea”的大概内容；
2. 认识相关英语词汇及短语；
3. 知道花草茶常见的地区和其作用；
4. 知道花草茶与其他茶的区别；
5. 能辨别植物的各个部位。

拓展课程

1. 知道四种常见的花草茶及其功效；
2. 能够具备归类总结的能力；
3. 能够具备利用网络查找资料的能力；
4. 有一定的小组合作能力。

社会实践课程

1. 会写制作花草茶的计划；
2. 会制作花草茶；
3. 会记录自己的制作过程；
4. 会评价自己的制作成果并与同学互评；
5. 对课程所涉及的内容进行反思。

活动一 基础课程

知识链接

Herbal Tea（花草茶）

When it comes to traditional Chinese medicine, the first thing people think of is Chinese herbal medicine. Nowadays herbs play an important role not only in China, but also in the world. One of the most popular uses of herbs is to make tea, which is called herbal tea.

Herbal tea is hot or sometimes cold, made from flowers, leaves, fruits, peels, roots and even seeds of herbal plants, such as rose flowers, orange peels, pumpkin seeds and so on. Different herbal teas taste different. Some taste a bit pungent and bitter, while others taste sweet and sour.

Drinking herbal tea is an age-old custom in Guangdong, Guangxi, Hongkong and Macao, where the weather is wet and hot and people living there easily suffer from excessive internal heat（上火）. In order to drive off the heat in the body, people collect herbs which can clear away heat and wetness from mountains and valleys to make herb tea.

With many years of practice, different herbal teas have been evolved for relieving different symptoms. For example, they can ease sore throat, help us sleep well, make women more beautiful and so on.

词汇表

herb	n. 草药
peel	n. 皮
seed	n. 种子
pungent	adj. 辛辣的
bitter	adj. 苦的
sour	adj. 酸的
suffer	v. 遭受
symptom	n. 症状
internal heat	内热
sore throat	喉咙痛

探究学习

1. 阅读材料。

花草茶（Herbal Tea）又称凉茶，流行于中国广东省、香港特别行政区、澳门特别行政区，系国家级非物质文化遗产之一。

凉茶是粤、港、澳地区人民根据当地的气候、水土特征，在长期预防疾病与保健的过程中，以中医养生理论为指导，以中草药为原料，总结出的一种具有清热解毒、生津止渴、祛火除湿等功效的饮料。它适合人们日常饮用，既无剂量限制，也无须医生指导。

2. 思考回答。

（1）Which of the following is not a kind of herbal tea?（　　）

A. rose tea　　B. ginger tea　　C. green tea　　D. mint tea

（2）Disscuss in groups and fill in the blanks.（小组讨论，写出植物部位名称。）

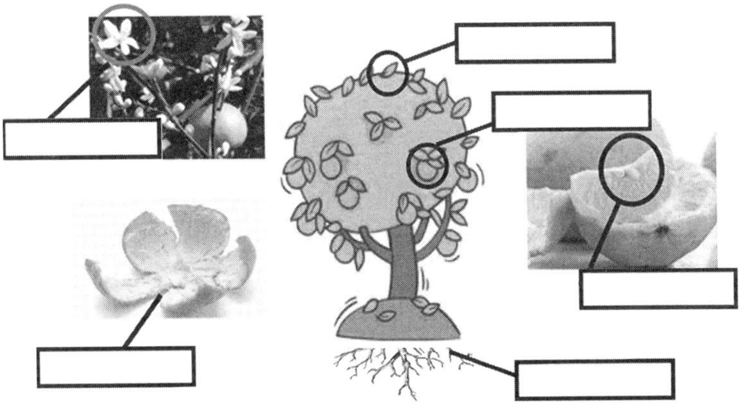

orange tree

（3）Group discussion: write down the names of herbal teas as many as you can.（小组讨论，写出你所知道的花草茶，尽量用英语。）

____

____

____

____

我们小组写得最多的同学是:____________他 / 她所知道的花草茶的名称是:______________________________

____

____

（4）Different herbal teas don’t taste the same，do they?

____________，____________.

（5）Why did people in Guangdong，Guangxi，Hongkong and Macao easily suffer from excessive internal heat?

____

（6）Do you have any experience of drinking herbal tea?（日常生活中，你喝过花草茶吗？请说出是什么花草茶，它的味道如何，以及它具有什么功效。）

［示例］I have drunk different kinds of herbal teas. Among them，I like rose tea best. It smells very nice and tastes a bit sweet. It can make you feel relaxed and help you sleep well. Besides，it can make your face ruddy and shiny.（我喝过很多种类的花草茶，其中我最喜欢玫瑰花茶。它闻着清香，尝起来有点甜。它能放松身心，帮助睡眠，还能使皮肤红润有光泽。）

我的分享：____

____

____

（7）我的同桌所举的花草茶的例子是：

____

____

____

（8）对我的举例，老师的看法是：

____

____

____

____

活动二 拓展课程

知识链接

Herbal Tea in People's Eyes（人们眼中的花草茶）

豆瓣小组 精选 文化 行摄 娱乐 时尚 生活 科技

What do you Think of Herbal Tea?

来自：**Alex** 2020-8-9 13:06

Hi! My name is Alex Schweder. I'm a singer who lives in New York. I had suffered a cough for about ten days. To my surprise, I felt better only in 15 minutes after I drank a cup of loquat syrup（枇杷糖水），which was recommended by my girlfriend who first learned about the herbal tea 10 years ago when she was living in China.

回应 转发 赞 收藏

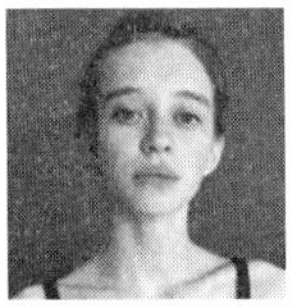

Jenny: I have had a really hard time falling asleep lately. I heard drinking a warm cup of ginger tea before bed could help me relax and fall asleep.

我最近很难入睡，我听说睡觉前喝一杯热姜茶能帮助我放松并入睡。

Peter: I used to have a stomachache. My mother made me a kind of herbal tea which uses pumpkin seeds. Over the past 2 months，I kept drinking it and I feel much better in my stomach now.

我以前经常胃疼，有一次我妈妈给我喝南瓜籽泡水，在坚持两个月之后，我感觉胃舒服多了。

Jessica: I love jasmine tea. The most well-known jasmine flower tea is produced in Fujian Province. Last year, I couldn't pass the maths exam, so I was very nervous. Jasmine tea can relieve nervous tension and help me deal with the exam better.

我最爱茉莉花茶，最有名的茉莉花茶产于福建省。去年我由于数学考试失败一直很焦虑，茉莉花茶能够缓解神经紧张，帮助我更好的应对考试。

探究学习

1. 文本分析。

（1）What made Alex feel better?

____

（2）Where is the most well-known jasmine flower tea produced?

____

（3）Why did Jessica feel nervous?

____

2. 填空归类游戏。

根据文章，完成以下表格。（注意：表格中已有一项给出，要通过已知条件判断姓名一栏。）

我们小组成员是：______________________________

（1）填空。

姓名	茶名	部位	味道	功效
			辛辣	
		seed		
				relieve nervous tension
	loquat syrup			

（2）互动学习。

在填空归类游戏中，________同学的速度最快；我自己还差几个空格未写出来，分别是：______________________________

3. 除了上述四种花草茶之外，花草茶的种类还有很多，请小组合作查阅资料，完成下表。

我们小组成员是：______________________________

____

（1）将相关的花草茶填入对应空格内（每组均已给出范例）。

部　位	花草茶	味　道	功　效
花：rose 玫瑰花	玫瑰花茶	sweet	美容养颜
叶子：mint 薄荷叶	薄荷茶	pungent	清热散火
果实：loquat 枇杷	枇杷糖水	sweet	清肺止咳
果皮：orange peels 橘子皮	橘皮水	sour	健胃理气
根：ginseng 人参	参茶	bitter	补元气
种子：pumpkin seeds 南瓜籽	南瓜籽茶	sweet	降血糖

（2）互动学习。

◆ 我在完成填表的过程中，觉得比较困难的一个空格是：

____

◆ 我很佩服我们小组的同学，因为：______________________

____

活动三 社会实践课程

知识链接

凉茶是花草茶的一个分支

花草茶，顾名思义，是取之于植物的根、茎、叶、花或皮，多为自然风干所得，冲入开水，取其茶汤饮用。

在我国，真正开始生产花草茶，是在南宋初期的福州，至今已有1000余年的历史。在人们印象中，花草茶是“凉茶”的代名词，大家更愿意在夏日选择菊花、金银花之类的凉性花草茶祛暑降火。但其实，“凉茶”只是花草茶的一个分支。

在冬天，天寒地冻，中医认为人的阳气渐弱，所以可以选择一些性平或温热的花草茶饮用。如枸杞配合红枣，温性枸杞滋补肝肾，益精明目，搭配红枣，能有效防止血压过高，还可补气血。如桂花搭配红糖，桂花性温，散寒破结，化痰平肝，佐以红糖更能使人手脚温热，提高机体的抗寒能力，是冬季温养脾胃的好搭配。期待拥有靓丽容颜的女性，可冲泡玫瑰花茶，玫瑰性平，多饮用之，可以让自己的脸色变得红润有光泽，因为玫瑰花有很强的行气活血、化瘀、调和脏腑的功效，是女性不可多得的美容饮品。

探究学习

1. 制作热姜茶。

（1）Introduction：with a spicy and invigorating flavor，ginger tea is not only a drink，it can also be used to remedy indigestion，nausea and symptoms related to having a cold. After a semester’s hard work，it’s wise to relax and nourish your body.

味道与功效介绍：味道辛辣提神的姜茶不仅可做饮料，还能缓解消化不良、恶心以及感冒症状。辛苦忙碌了一整个学期，适度的放松与保养身体才是明智之举。

（2）Ingredients: water, fresh ginger root, dates, honey, brown sugar or lemon slices (optional).

原料准备：水、鲜姜、大枣、蜂蜜、红糖或柠檬片（可选）。

（3）Directions.

制作方法：

◆ Cut ginger root into thin slices.

把姜切成薄片。

◆ Add the ginger, dates, and brown sugar (optional) in the boiling water and simmer for 15—20 minutes.

待水沸腾后，加入姜片、大枣、红糖（可选），小火煨 15—20 分钟。

◆ Strain the tea. Add honey or lemon.

滤出汤汁，加入蜂蜜或柠檬片。

2. 小组活动：家长会的花茶沙龙。

利用家长会，邀请家长品尝学生自己制作的花草茶，鉴赏花草茶，探究学习的成果。

（1）小组讨论，写出制作花草茶的流程。

◆ 制作前要做的准备：____

____

____

◆ 制作时要注意的事情：______________________________________

____

____

◆ 制作后需要记录及调查了解的内容：________________________________

____

____

（2）小组讨论，制订制作花草茶的计划。

◆ 花草茶名称：________________________________

◆ 参与制作小组成员：________________________________

◆ 原材料任务分配：成员 A________：________________________________

成员 B________：________________________________

成员 C________：________________________________

成员 D________：________________________________

____

◆ 步骤：

A. ____

B. ____

3. 制作花草茶。

按照上一步的计划进行制作，并对每一个步骤进行拍照记录。将制作前、中、后三个情境的照片贴在下面的方框内。

4. 评价制作花草茶的过程。

主要评价指标：①前期准备：能合作，能备齐物品，能制订合理计划；②制作过程：能按照计划进行，具备一定实践操作能力；③花草茶的味道：与原计划味道基本一致，受到不止一位评论员的肯定；④具有一定的合作能力、动手能力和计划组织能力。

（1）评价小组除你之外，其余成员的表现：

① ________（姓名）：________________________________

② ______________：________________________________

③ ______________：________________________________

______________：________________________________

______________：________________________________

（2）自己评价自己的表现：

____

（3）小组其他成员评价你的表现：

____

5. 家长品尝花草茶并给出评价。

家长 1________：____

____

家长 2________：____

____

家长 3________：____

____

6. 我的反思。

在“Herbal Tea”课程的学习过程中，需要反思的内容主要有：

（1）我对这门课程是否感兴趣及理由：______________________________

（2）我对这门课程的学习是否认真：________________________________

（3）今后我是否会重视因果分析：__________________________________

（4）我是否了解并学习医者的仁心：________________________________

（5）我是否尊重中医文化：____

学习评价表

评价指标	自评	互评	师评
基础课程			
能够正确识别出花草茶			
能够正确写出植物部位的名称			
尽量多地写出自己知道的花草茶			
能够说出不同花草茶的味道			
能够说出广东人喝凉茶的原因			
能够说出花草茶的功效			
能够说出日常生活中花草的名称、味道及功效，知道同桌所举花草茶的例子			
拓展课程			
能够知道枇杷的功效			
能够知道茉莉花茶的产地			
能够了解茉莉花茶的功效			
能够知道文章中四种花草茶的名字、部位、味道和功效			
能够查找花草茶相关资料			
能够写出六个不同部位的花草茶的名字、味道和功效			
能够评价同学的答案			
能够自己探究发明一种茶			
能够写清该茶所用植物、味道和功效			

续表

评价指标	自评	互评	师评
社会实践课程			
能够做好制作花草前的准备			
能够提前预设制作花草茶的注意事项			
能够做好制作后的记录			
能够命名花草茶的名称			
能够明确分配原材料的任务			
能够记录清楚制作花草茶的步骤			
能够拍照记录制作前、中、后三个步骤			
能够评价小组除你之外的其余成员的表现			
能够评价自己的表现			
能够记录家长的评价			
能够写出反思的内容			

评价等级：优、良、一般

第十二单元

中医养生操

基础课程

1. 知道养生操——八段锦的由来、发展与现状；
2. 知道八段锦每一段动作的名称；
3. 了解养生操，掌握八段锦每一段动作的要领；
4. 通过自学、自练和自控，培养健康、平和的心态。

拓展课程

1. 了解每一个动作的养生机理；
2. 知道习练八段锦与中医养生之间的关系；
3. 在习练八段锦的过程中体会其养生机理；
4. 了解有氧运动的运动特点；
5. 了解韵律操和广播操的特点和益处；
6. 学会评价学习同伴所习练的养生操；
7. 每周坚持习练八段锦 3—5 次，每次 20—30 分钟。

社会实践课程

1. 了解社区里常见的养生操类别；
2. 邀请家长到校学练八段锦；
3. 向社区养老院推广我校的养生操——八段锦。

活动一　基础课程

知识链接

中医养生操

中医经络养生操是根据传统中医学经络理论编创的养生体操。养生操讲究宁神调息，气沉丹田，动作舒缓，达到强身健体、疏通筋络而延年益寿的功效。

中华养生文明源远流长，有着五千多年的历史传承。《黄帝内经》说：“五脏之道，皆出于经隧，以行血气。血气不和，百病乃变化而生。是故守经隧焉。”意思是：五脏是人类生命的根本，如果五脏的功能失调，必然导致各种疾病出现。有效的五脏调理方法，是治病的根本。自古以来，所有养生方法，都是通过对五脏的调理，来达到祛病养生的功效。

八段锦

八段锦功法是一套独立而完整的健身功法，起源于北宋，至今已有九百多年的历史。古人把这套动作比喻为“锦”，意为五颜六色、美而华贵。此功法分为八段，每段一个动作，故名为“八段锦”，练习无须器械，不受场地局限，简单易学。一套动作做下来，时间不长而效果极其显著，男女老少均适合，可使瘦者健壮，肥者减肥。

八段锦被分为南北两派。行功时动作柔和，多采用站式动作的，被称为南派；动作多马步，以刚为主

的，被称为北派。从文献和动作上考察，不论是南派还是北派，都同出一源。

八段锦究竟为何人、何时所创，尚无定论。但从湖南长沙马王堆三号墓出土的《导引图》可以看到，其中至少有四幅图势与八段锦图势中的“调理脾胃须单举”“两手攀足固肾腰”“左右弯弓似射雕”“背后七颠百病消”相似。

人们对八段锦功法的基本共识是：

1. 传统八段锦流传于宋代，在明清时期有较大发展。

2. 传统八段锦创编人尚无定论，可以说八段锦是历代养生家和习练者共同创造的知识财富。

3. 清末以前的八段锦主要是一种以肢体运动为主的导引术。

4. 八段锦无论是南派、北派，还是文武不同的练法，都同出一源，在流传中相互渗透，逐渐趋向一致。

探究学习

1. 阅读文本，简要阐述中医养生操和八段锦之间的关系。

2. 阅读文本，讲一讲中医养生操的功效。

3. 请查阅资料，进一步了解中医养生操还有哪些功效。

4. 与同桌交流一下，看看大家了解到的中医养生操功效有哪些相同和不同。

知识链接

八段锦动作要领

第一段：双手托天理三焦

1. 两脚平行开立，与肩同宽。两臂徐徐分别自体前，经腹部、胸部向上高举过头，十指交叉，翻转掌心极力向上托，使两臂充分伸展，不可紧张，恰似伸懒腰状。同时缓缓抬头上观，要有擎天柱地的神态，此时缓缓吸气。

2. 翻转掌心朝下，在身前正落至胸高时，随落随翻转掌心再朝上，微低头，眼随手运。同进配以缓缓呼气。

第二段：左右弯弓似射雕

1. 两脚平行开立，略宽于肩，成马步站式。上体正直，两臂平屈于胸前，左臂在上，右臂在下。

2. 手握拳，食指与拇指呈八字形撑开，左手缓缓向左平推，左臂展直，同时右臂屈肘向右拉回，右拳停于右肋前，拳心朝上，如拉弓状。眼看左手。

3. 重复前两组动作，唯左右相反，如此左右各弯弓 4—8 次。

探究学习

1. 八段锦在我国流传了约多久？请用公元纪年来表示。

____

2. 请解释“八段锦”名字的由来。

____

3. 北派八段锦与南派八段锦的区别是什么？

____

4. 查阅资料，试解释八段锦第一段“双手托天理三焦”中的“三焦”指的是什么。

____

5. 你的同桌关于“三焦”的解释是什么？

____

6. 关于第一段动作要领的文字说明，我不太理解的是______________________________

____

______________________________。

7. “十指交叉，翻转掌心极力向上托”，请在右边方框中用简笔画画出这个动作。

8. 请与同桌交流、分享一下问题 7 的答案。

9. 发挥想象，用简笔画画出“开弓射雕”的动作图示。

10. 用马步的标准姿势（大腿与地面平行，膝关节的投影不超过脚尖，上体正直，略微前倾）练习 30 秒后，谈谈感受。

____

____

11. 在下图相应位置标记出“拳心”和“拳眼”。

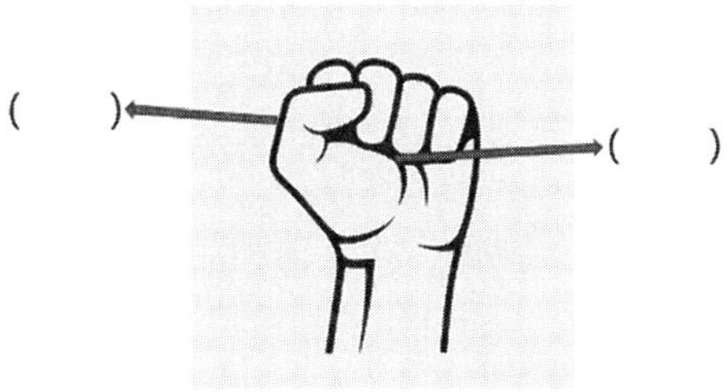

12. 与同桌分享问题 9 动作图示，我喜欢同桌画中的哪些优点？

____

____

知识链接

第三段：调理脾胃须单举

1. 左手自身前成竖掌向上高举，继而翻掌上撑，指尖向右，同时右掌心向下按，指尖朝前。

2. 左手俯掌在身前下落，同时引气血下行，全身随之放松，恢复自然站立。

3. 重复前两组动作，唯左右相反。如此左右手交替上举各 4—8 次。

第四段：五劳七伤向后瞧

1. 两脚平行开立，与肩同宽。两臂自然下垂或叉腰。头颈带动脊柱缓缓向左拧转，眼看后方，同时配合吸气。

2. 头颈带动脊柱徐徐向右转，恢复前平视。同时配合呼气，全身放松。

3. 重复前两组动作，唯左右相反。如此左右后瞧各 4—8 次。

探究学习

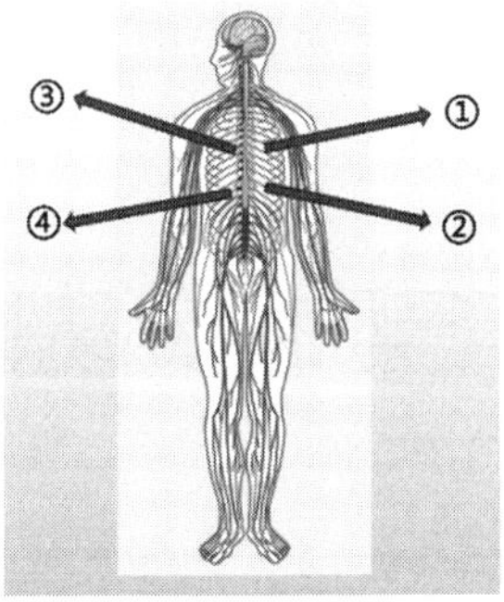

1. 右图中哪个序号所示是“脾胃”在人体中的位置。

____

____

2. 查阅相关资料，解释“脾”对于人体的作用。

____

____

3. 同桌查到的“脾”对于人体的作用是什么？

4. 如何理解“引气血下行”这句话？

5. 查阅资料，解释“五劳七伤向后瞧”中“五劳”和“七伤”分别是什么意思，请和同桌合作解答。

6.“五劳七伤向后瞧”这个动作中，手掌的位置和朝向分别是什么？

7. 在演练“头颈带动脊柱缓缓向左拧转”这个动作时，应该吸气还是呼气？呼气或吸气的节奏应该是快速还是缓慢？

知识链接

第五段：摇头摆尾去心火

1. 马步站立，两手虎口向内，按在大腿上，缓缓呼气后拧腰向左，屈身下俯，将余气缓缓呼出。动作不停，头自左下方经体前至右下方，像小勺舀水似的引颈前伸，自右侧慢慢将头抬起，同时配以吸气；拧腰向左，身体恢复马步桩，缓缓深长呼气。

2. 动作与前同，唯左右相反。如此两组动作交替进行各做4—8次。

第六段：两手攀足固肾腰

1. 两脚平行开立，与肩同宽，两掌分按脐旁。

2. 两掌沿带脉分向后腰。

3. 上体缓缓前倾，两膝保持挺直，同时两掌沿尾骨、大腿向下按摩至脚跟。沿脚外侧按摩至脚内侧。

4. 上体展直，同时两手沿两大腿内侧按摩至脐两旁。如此反复俯仰4—8次。

探究学习

1. 通过查找资料，试解释“心火”的含义。

2. “像小勺舀水似的引颈前伸”，试在下面方框中画出该动作的动态示意图。

3. “两掌分按脐旁”的“按”，掌心的朝向是哪里？

4. 四人一组，分别演练“两掌沿带脉分向后腰”这个动作。

知识链接

第七段：攒拳怒目增气力

预备姿势：两脚开立，成马步桩，两手握拳分置腰间，拳心朝上，两眼睁大。

1. 左拳向前方缓缓击出，成立拳或俯拳皆可。击拳时宜微微拧腰向右，左肩随之前顺展拳变掌臂外旋握拳抓回，呈仰拳置于腰间。

2. 与前动作同，唯左右相反。如此左右交替各击出 4—8 次。

第八段：背后七颠百病消

预备姿势：两脚相并，两臂自身侧上举过头，脚跟提起，同时配合吸气。两臂自身前下落，脚跟亦随之下落，并配合呼气，同时舌尖顶上颚，随即全身放松。如此起落4—8次。

探究学习

1. 第二段“成马步站式”与第七段“成马步桩”有何区别？

2. “外旋握拳抓回”中，外旋是什么意思？在该动作中，拇指在什么位置？

3. 分别演练“舌尖顶上颚”和“舌尖不顶上颚”，描述感觉有何区别。

活动二　拓展课程

知识链接

八段锦的养生机理

八段锦属于古代导引法的一种，是形体活动与呼吸运动相结合的健身法。活动肢体可以舒展筋骨，疏通经络；与呼吸相合，则可行气活血、周流营卫、斡旋气机，经常练习八段锦可起到保健、防病治病的作用。八段锦对人体的养生康复作用，从口诀中即可看出。例如“双手托天理三焦”，即说明双手托天的动作，对调理三焦功能是有益的。两手托天，全身伸展，又伴随深呼吸，一则有助于三焦气机运化；二则对内脏亦有按摩、调节作用，起到通经脉、调气血、养脏腑的效果；同时，对腰背、骨骼也有良好作用。其他诸如“调理脾胃须单举”“摇头摆尾去心火”等，均是通过宣畅气血、展舒筋骸而达到养生的目的。八段锦的每一段都有锻炼的重点，而综合起来，则是对五官、头颈、躯干、四肢、腰、腹等全身各部位进行锻炼，对相应的内脏以及气血、经络起到保健、调理作用，是机体全面调养的健身功法。

探究学习

1. 借助信息技术手段，查找你认为适合作为八段锦配乐的音乐，并列出这些音乐的名字。

2. 与同伴交流你找到的八段锦配乐，并讨论哪段音乐最适合作为八段锦的配乐。

知识链接

什么是有氧运动?

有氧运动是指人体在氧气充分供应的情况下进行的体育锻炼，即在运动过程中，人体吸入的氧气与需求相等，达到生理上的平衡状态。

简单来说，有氧运动是指强度低且富韵律性的运动，其运动时间较长（约 30 分钟或以上），运动强度在中等或中上的程度（最大心率值的 60% 至 80%）。

是不是“有氧运动”，衡量的标准是心率。心率保持在 150 次 / 分钟的运动为有氧运动，因为此时血液可以供给心肌足够的氧气，有氧运动的特点是强度低、有节奏、持续时间较长，要求每次锻炼的时间不少于 30 分钟，每周坚持 3 到 5 次。这种锻炼，能充分燃烧（即氧化）体内的糖分，还可消耗体内脂肪，增强和改善心肺功能，预防骨质疏松，调节心理和精神状态，是健身的主要运动方式。所以说，如果体重超标，要想通过运动来达到减肥的目的，建议选择有氧运动，像慢跑、骑自行车。

探究学习

1. 请结合八段锦的运动特点，简要论述八段锦是否属于有氧运动。

2. 坚持参与有氧运动，对人的身体有哪些益处?

3. 常见的有氧运动有哪些？

4. 两人一组，自由组合，完成3分钟台阶测试，看看你与同伴的心率分别是多少，说说为什么会有差别。

知识链接

太极拳

太极拳是以中国传统儒、道哲学中的太极、阴阳辩证理念为核心思想，集颐养性情、强身健体、技击对抗等多种功能为一体，结合易学的阴阳五行之变化及中医经络学、古代的导引术和吐纳术而形成的一种内外兼修、柔和、缓慢、轻灵、刚柔相济的中国传统拳术。它是国家级非物质文化遗产。

1949年后，太极拳被国家体委统一改编，作为强身健体之体操运动、表演、体育比赛用途。改革开放后，部分还原本来面貌，从而分为比武用的太极拳、体操运动用的太极操和太极推手。

传统太极拳门派颇多，常见的太极拳流派有陈式、杨式、武式、吴式、孙式、和式等派别，各派既有传承关系，相互借鉴，也各有自己的特点，呈百花齐放之态。由于太极拳是近代形成的拳种，流派颇多，群众基础广泛，因此是中国武术拳种中非常具有生命力的一支。

2020年12月，联合国教科文组织保护非物质文化遗产政府间委员会第15届常委会将“太极拳”项目列入联合国教科文组织人类非物质文化遗产代表作名录。

太极拳属武术一大拳系。太极拳是因为拳法变幻无穷，遂用中国古代的“阴阳”“太极”这一哲学理论来解释拳理而得名。

“太极”一词源出《周易·系辞》：“易有太极，是生两仪。”“太”就是大的意思，“极”就是开始或顶点的意思。宋朝周敦颐在《太极图说》中第一句话就是“无极而太极”，并非说太极从无极产生，而是“太极本无极”之意，意即“太极”是产生万物的本源，含有至高、至极、绝对、唯一之意。太极拳取的也是这个意思。这是我国古人的一种最原始的世界观，拳术和太极说的结合，逐步形成了太极拳术。

太极拳究竟为何人所创，又是何时所创，是一个既不能回避又难以定论的问题，长期困扰着太极拳界。目前，主要有以下6种说法：

（1）梁朝的程灵洗；

（2）唐朝的许宣平；

（3）唐朝的李道子；

（4）唐朝的胡镜子；

（5）张三丰创拳说；

（6）陈王庭创拳说。

探究学习

1. 太极拳的核心思想是什么？

2. 常见的太极拳流派有哪些？各流派之间的关系是什么？

3.“太极”是什么意思？

4. 通过查询资料，了解太极拳为何人所创，何时所创。

5. 太极拳和武术散打有什么区别？能否用一个词表示各自的特点？

知识链接

韵律操

韵律操是一种在场地内，使用球、棍、圈、绳、棒、带进行比赛的体操项目，参加的人数比较灵活，可以是单人、双人或者三人以上。韵律操融合了芭蕾、体操、舞蹈等项目的特点。

韵律操的创始人、瑞典著名的体操专家米克曼（Meekman）主张韵律操动作的原则是：应将人体的运动规律融会进动作中去。韵律操应体现“运动员的喜悦、动作的创造性和现代音乐与身心的结合”。韵律操“可当作节奏体操的新式动作形态体操”。米克曼重点指出了两个方面：人体运动的规律与动作的关系；身心统一发展关系。

做韵律操要想取得理想的锻炼效果，必须科学地安排练习时间与次数，并注意运动卫生。

合理安排练习时间与次数

进行韵律操练习，可根据自己的工作、学习情况及生活习惯，安排在早上、下午或晚上。其中以下午3时至晚上8时这段时间为最好，因为在这段时间内，体力比较旺盛，另外工作之后进行锻炼也可以起到消除疲劳的作用。每星期安排2～3次，每次1～2小时。如在饭前练习要休息半小时才能用餐，饭后练习则要休息1小时以上才能进行；晚上练习，要在临睡前两小时结束，以免因过度兴奋影响入睡。

注意运动卫生

做韵律操前应先进行准备活动，使身体发热，提高神经系统的兴奋度。因为人体从安静状态进入运动状态需要克服内脏器官的生理惰性，运动应逐渐加强，这样，血液循环和气体交换才能逐渐得到改善，新陈代谢才能逐渐旺盛，使关节、肌肉、韧带的柔韧性和灵活性增强，既可以防

止损伤，又可以使肌体做好机能上的准备。练习完毕，要做整理活动，使运动时流入肌肉中的血液慢慢流回心脏，机体逐渐恢复平静状态，紧张的肌肉得到舒展放松。运动后洗热水澡，能使全身感到舒适、精神焕发，精力更加充沛。

探究学习

1. 韵律操的定义是什么？

2. 韵律操的创始人是谁？

3. 参与韵律操锻炼的运动频率和运动时间应该如何安排？

4. 做韵律操之后整理活动的意义是什么？

5. 韵律操和太极拳的音乐能否互换？为什么？

知识链接

广播体操

广播体操是一项广为人知、练习者众多的体育运动。广播体操是一种徒手操，不用器械，只要有限的场地就可以开展，通常跟随广播进行锻炼，也可以用口令指挥节奏。20 世纪 80 年代末期，广播体操曾经在中央电视台 CCTV2 频道播放过一段时间，2005 年在 CCTV2 停播。2010 年 8 月 9 日起，每天上午 10 时和下午 3 时，北京体育广播每天播出两遍第八套广播体操。做广播体操曾经是中国的百姓非常重要的健身方式，百万人同做广播体操的景象令一代又一代人难忘。

广播体操名称：

小学

第一套：1. 小学生广播体操（一）　2. 小学生广播体操（二）

第二套：1. 初升的太阳　2. 雏鹰起飞

第三套：1. 希望风帆　2. 七彩阳光

中学

第一套：1. 中学生广播体操（一）　2. 中学生广播体操（二）

第二套：1. 青春的活力　2. 时代在召唤

第三套：1. 舞动青春　2. 放飞理想

广播体操具有科学性、普及性、健身性、趣味性、时代性等特点。做广播体操可以给身体带来的十大好处：

1. 可以使大脑在得到充分休息的同时让肌肉得以放松。

2. 可以提高心肺功能，促进血液循环，使氧气能充足地供应身体各部分，从而增强各器官的功能。

3. 可以使身体发热，有利于提高体内的排泄功能，降低疲惫的程度，减少乳酸的积累，使人体精力旺盛。

4. 可以培养人正确的身体姿势，使肌肉发达、体格强健、形态优美。

5. 可以有效消除一天的学习、生活、工作带来的紧张，有利于睡眠。

6. 在进行剧烈运动前，做广播体操可以避免肌肉的拉伤、挫伤。

7. 工作之余做广播体操，有助于缓解紧张工作后出现的暂时性的大脑疲劳。

8. 坚持下去，可以增强体质，预防疾病的发生。

9. 在轻快、优美的旋律下做操，能增强人的协调性和节奏感。

10. 在音乐伴奏下做广播体操，是一种美的享受，可以陶冶人的情操，让人保持良好的心理状态。

探究学习

1. 小学广播体操和中学广播体操各有几套？

2. 我在小学和初中阶段做的广播体操名称分别是什么？

3. 是否参加过广播体操比赛？与平常课间做广播体操有何不同的感觉？

4. 是否能够高质量地完成现阶段所做的广播体操？如能，请四人一组，展示广播体操。四人中，哪位同学的哪一节操做得最好？

5. 通过学练广播体操，你有哪些体会？

6. 与同桌交流学练广播体操的体会。

活动三　社会实践课程

◆ 活动一：观察社区小广场和健身活动区，了解社区常见的养生操有哪些。

社区常见的养生操类别有：____

____

____

◆ 活动二：请家长到校，学练八段锦。

活动流程如下：

（1）起草一份倡议书，动员家长到学校学练八段锦。

倡议书

____

____

____

____

____

____

____

____

____

____

____

____

____

（2）大家一起讨论起草的倡议书，最终整理出倡议书的定稿，按照学校学生的人数，打印________份，由________________负责打印。

（3）各班级的体育委员向所有同学发放倡议书，共发放________份，班长负责回收倡议书回执________份，并对所有回执的信息进行统计和汇总。

（4）班长把各自班级家长报名参加八段锦学练的人数汇总到体育组，经统计，共有________位家长报名，然后由大队委负责在全校范围内招募小教练，共需招募________位小教练。

（5）体育组老师对招募到的小教练进行培训，主要是八段锦动作要领的强化和指导。

（6）根据家长的人数，在保证安全且尽量不与学校教学活动冲突的前提下，合理安排活动时间和地点。因涉及家长出入、签到和引导工作，还需请校团委安排好礼仪队员负责家长接待工作。

签到人员：________________

引导人员：________________

活动时间：________________

活动地点：________________

（7）安排好宣传组人员，负责拍照、摄像和写通讯稿。

拍照：________

摄像：________

通讯：________

通讯稿

____

____

____

____

____

____

____

____

____

____

（8）我编写的“与家长一起学练八段锦”的小报样稿。

◆ 活动三：去社区养老院开展八段锦交流活动。

活动流程如下：

（1）通过校团委与社区养老院取得联系，提前派出人员到养老院去了解情况，看看养老院有多少老人愿意且有能力学练八段锦。

社区养老院地址：________________________________

路线：________________________________

交通工具：________________________（如步行前往，须注意安全）

外派人员的班级、姓名：________________________

养老院愿意学练八段锦的老人人数：________________________

（2）根据实际情况，确定小教练的人数，原则上一个教练可带教四位老人。

小教练人数：________________________

小教练姓名：________________________

（3）起草倡议书，招募小教练。

倡议书

____

____

____

____

____

____

____

____

____

____

____

（4）与社区养老院进一步沟通，确认活动时间和地点。

活动时间：____________

活动地点：____________

负 责 人：____________

（5）鉴于社区养老院的老人年龄普遍较大，请考虑必要的安全防范措施。

安全防范措施：________________________

____

____

（6）安排好宣传组人员，负责拍照、摄像和写通讯稿。

拍照：________

摄像：________

通讯：________

通讯稿

____

____

____

____

____

____

____

____

____

____

（7）针对本次社会实践活动，策划一期宣传小报，我的样稿如下：

学习评价表

评价指标	自评	互评	师评
基础课程			
知道养生操——八段锦的由来、发展与现状			
知道八段锦每一段动作的名称			
了解养生操，掌握八段锦每一段动作的要领			
能够通过自学、自练和自控，培养健康、平和的心态			
拓展课程			
了解八段锦每一个动作的养生机理			
知道习练八段锦与中医养生之间的关系			
能在习练八段锦的过程中体会其养生机理			
了解有氧运动的运动特点			
了解太极拳的起源和发展过程			
了解韵律操和广播体操的特点和益处			
能够正确评价学习同伴所习练的养生操			
社会实践课程			
了解社区里常见的养生操类别			
能够与家长一起学练八段锦			
能够到社区养老院交流八段锦			

评价等级：优、良、一般

第十三单元

中医养生韵律操

基础课程

1. 了解每一个基本步法、手型、上肢运动的动作要领与动作行进；
2. 学会韵律操的基本步法、手型、上肢运动；
3. 学会外冈中学自编韵律操，并能跟上音乐节奏连贯流畅跳操；
4. 学习中能发挥互相帮助和团结协作的精神，指导纠正他人动作。

拓展课程

1. 能根据所学的基本步法、手型、上肢运动的动作，进行自由组合创编；
2. 初步学会听音乐节拍，能挑选喜欢的音乐，数节拍跳自编韵律操；
3. 能从网上韵律操中学习喜爱的动作并传授给其他同学；
4. 小组配合互相学习创编韵律操，一学年学习后能有一套韵律操展示。

社会实践课程

1. 运用自己的韵律操知识带动家庭跟音乐跳外冈中学韵律操、自编韵律操等；
2. 小组一起带领社会跳舞健身者跳外冈中学韵律操、自编韵律操；
3. 能从网上韵律操中学习喜爱的动作并传授给家人、邻居等；
4. 对周边人们学习韵律操有一定的影响力。

活动一　基础课程

知识链接

健美操步法的动作要领

健美操的基本动作是由基本步法、手型和上肢运动三部分组成。

1. 基本步法

基本步法是一种体现健美操练习者下肢动作基本姿态的主要练习手段，按照动作完成的形式不同，可以把基本步法分为五大类：交替类、点地类、迈步类、双腿类和抬腿类。

（1）两脚交替类

① 踏步：两腿在原地依次抬起来，再依次落地，与此同时两臂屈肘握拳，然后自然前后摆动。技术要点：在下落时，踝、膝、髋关节要依次有弹性地缓冲。

② 一字步：一脚往前一步，另一脚与前脚相并，然后再依次还原。技术要点：往前迈步时，先脚后跟着地，再过渡到全脚掌；前后都要有并腿过程；在做每一拍动作时，膝关节始终有弹性地缓冲。

③ V字步：一脚往侧前方迈一步，另一脚再往另一方迈一步，成两脚开立，屈膝，然后再依次退回原位。技术要点：两腿膝、踝关节要始终保持弹动状态，分开后分腿半蹲，重心在两腿之间。

④ 漫步：一脚往前迈出，屈膝，重心再前移，另一脚稍抬起，然后原地落下；或向后

撤一步，重心后移，另一脚稍抬起，然后原地落下。技术要点：两脚要始终保持交替落地，身体重心随动作前后移动，但始终要在两脚之间。

⑤ 跑步：两腿经过腾空，依次落地缓冲，两臂屈肘摆臂。技术要点：落地屈膝缓冲，脚后跟尽量落地。

（2）点地类

① 脚尖点地：一腿稍微屈膝站立，另一腿伸出，脚尖点地，再还原到并腿姿势。技术要点：支撑腿要始终保持屈膝站立，且随着动作有弹性地屈伸。

② 脚跟点地：一腿稍屈膝站立，另一腿伸出，脚跟点地，再还原到并腿姿势。只可做往前和往侧的脚跟点地。技术要点：支撑腿要始终保持屈膝站立，且随动作有弹性地屈伸。

（3）迈步类

① 并步：一脚迈出，另一脚随之并拢屈膝点地，再向反方向迈步。技术要点：两膝要始终保持弹动，动作幅度和力度可以根据风格而定。

② 迈步点地：一脚向侧迈一步，两脚经屈膝移动重心，另一腿在前、侧或后用脚尖或脚跟点地。技术要点：两膝同时有弹性地屈伸，重心移动轨迹呈弧形；上体不要扭转。

③ 迈步吸腿：一脚先迈出一步，另一腿屈膝抬起，然后往反方向迈步。技术要点：经过屈膝半蹲，抬膝时支撑腿稍屈膝。

（4）双腿类

① 并腿跳：两腿并拢跳起。技术要点：落地缓冲有控制。

② 分腿跳：分腿站立屈膝半蹲，往上跳起，分腿落地屈膝缓冲。技术要点：屈膝半

蹲时，大、小腿夹角不可以小于 90 度。

③ 开合跳：由并腿跳起，分腿落地，再由分腿跳起，并腿落地。技术要点：分腿屈膝蹲时，两脚自然外开，膝关节沿脚尖方向屈伸，夹角不可以小于 90 度，脚跟落地。

（5）抬腿类

① 吸腿：一腿屈膝抬起，落下还原。技术要点：支撑腿保持屈膝弹动，大腿上抬超过水平，上体保持正直。

② 摆腿：一腿稍屈膝站立，另一腿做摆动。技术要点：摆腿时上体顺势前倾、后倒或侧倾。

③ 踢腿：一腿稍屈膝站立，另一腿抬起，然后还原。技术要点：抬起腿要有控制，保持上体正直。

④ 弹踢腿（跳）：一腿站立（跳起），另一腿先向后屈，再向前下方弹踢，还原。技术要点：腿弹出时要有控制，保持上体正直。

⑤ 后屈腿（跳）：一腿站立（跳起），另一腿向后屈膝，放下腿还原。技术要点：支撑腿保持弹性，两膝并拢，脚跟靠近臀部。

2. 手型

健美操中的手型是从现代舞、芭蕾舞、迪斯科、武术中吸收和发展的，手型是手臂动作的表现与延伸，灵活运用能够使健美操的动作更加生动活泼，具有感染力。健美操的基本手型有以下七种：

（1）并拢式：五指伸直，相互并拢，大拇指微屈，指关节贴于食指旁。

（2）分开式：五指充分张开，用力伸直。

（3）拳式：握拳，拇指在外，指关节弯曲，紧贴于食指和中指。

（4）花式：在分开式的基础上，小指伸直向掌心回弯到最大限度，无名指随着小指回弯。

（5）立掌式：五指伸直，手掌用力向上翘。

（6）芭蕾手式：五指微屈，后三指并拢且稍内收，拇指内扣。

（7）西班牙舞手式：五指用力，中指、无名指、小指自指关节处依次弯曲，拇指稍内扣。

3. 上肢运动

（1）举：臂伸直往某方向抬起。

（2）屈臂：前臂与上臂角度要不断减小。

（3）伸臂：前臂与上臂角度要不断增大。

（4）屈臂摆动：屈肘在体侧自然地摆动，可以依次或同时进行。

（5）上提：直臂或屈臂是由下至上抬起，比如屈臂前提、直臂侧提。

（6）下拉：臂由上或侧上举拉至身体的两侧。

（7）胸前推：立掌，臂由肩部向前推。

（8）冲拳：屈臂握拳，由腰间猛力向前冲拳。

（9）肩上推：立掌，屈臂由肩部向上推。

探究学习

1. 学习了这么多步法和手型，你最喜欢哪一个呢？

2. 学习了这么多步法，你觉得哪些是低冲击的步法？

3. 健美操里的手型有哪些？

4. 结合学习的基本步法、手型、上肢运动，请你做几个动作出来吧！

活动二　拓展课程

知识链接

运用《少年》这首歌进行创编，一起来学习

在学习基本步法、手型的基础上，学习老师结合音乐创编的韵律操，感受健美操魅力，理解步法、手型的运用。

1-1　1-2　1-3　1-4　1-5　1-6　1-7　1-8

第一节：

1 拍：图 1-1，双手侧平举，双手握拳，拳眼向前，左脚向后侧一步，右脚微微弯曲。

2 拍：图 1-2，两手放于两侧 45 度方向，两脚打开与肩同宽。1 拍用跳跃的方法过渡到 2 拍。

3 拍：再用跳跃的方法过渡到 3 拍，两手交叉，右手在上，两膝微屈。

4 拍：用跳跃的方法过渡到 4 拍，动作如图 1-4，跟 2 拍动作相同。

5 拍：手同上不动，左脚向外斜 45 度（见图 1-5）。

6 拍：手同上不动，在图 1-5 动作的基础上，脚跟不动，脚尖向内转 90 度（见图 1-6）。

7 拍：手同上不动，屈左腿，再还原，见图 1-7、图 1-8。

8 拍：同 7 拍。

2-1 2-2 2-3 2-4 2-5 2-6 2-7 2-8

第二节：

1 拍：图 2-1、2-2，一拍两个动作，半拍一个动作，双手交叉朝上，再左手在前，另外半拍斜 45 度朝上侧平举抬头。

2 拍：同 1 拍。

3 拍：图 2-3、2-4，一拍两个动作，半拍一个动作，双手交叉朝下，再左手在前，另外半拍斜 45 度朝下侧平举低头。

4 拍：同 3 拍。

5 拍：右手并掌放于左肩，同时膝盖弯曲弹动一次，如图 2-5。

6 拍：左手并掌放于左肩，同时膝盖弯曲弹动一次，如图 2-6。

7 拍：右手放于后脑勺，同时膝盖弯曲弹动一次，如图 2-7。

8 拍：左手并掌放于后脑勺，同时膝盖弯曲弹动一次，如图 2-8。

第三节：同第一节。

第四节：同第二节。

5-1 5-2 5-3 5-4

第五节：

1、2 拍：1 拍如图 5-1，左脚微弓步，右手弯曲举于头顶向后拉，而后膝盖回直，右手回到图 5-1 位置；2 拍同 1 拍。

3、4 拍：同 1、2 拍方向相反，如图 5-3。

5、6 拍：左脚微弯曲，右手弯曲举于胸前后向后拉，后振一次后，脚回直，手回正，如图 5-3。

7、8 拍：同 5、6 拍方向相反，如图 5-4。

6-1　　6-2　　6-3　　6-4

第六节：

1、2 拍：先抬左脚后微弓步，双手从胸前侧平举交叉到打开，如图 6-1 到 6-2 的动作，做好后回到图 6-1 的动作；2 拍同一拍。

3、4 拍：先抬右脚后，做 1、2 拍的动作，方向相反，如图 6-3、6-4。

5、6 拍：同 1、2 拍。

7、8 拍：同 3、4 拍。

音乐节拍为《少年》，同学们快点学起来，跟着节拍跳起来。

探究学习

1. 学的感觉如何？谈谈你学习这段韵律操的感觉。

____

2. 数一数这段韵律操一共多少个八拍。

____

3. 你能创编一个八拍的动作吗？把动作拍下来。

活动三　社会实践课程

知识链接

韵律操的魅力

韵律操所表现的力，突出的特点是力度、力量和活力。韵律操的肌肉力量，不论是短促的力量、延续的力量，还是瞬间的控制力，都展现出较高的力度感，充满着生命的活力。

韵律操的主体就是人体，而人体是一种富含了美与变化的存在，所以韵律操能够展现出人体之美。另外，韵律操是一种结合了音乐、舞蹈等多种艺术形式的运动，能够给人们带来很大的艺术享受。最后还要强调的是，韵律操中富含着人类的感情，同样能展现出美感。

韵律操是以操为主线，以操的形式追求健美，以操的方式表达健美。韵律操中的舞蹈动作是按照体操的特点进行再创造的，它借助舞蹈动作、舞蹈技术、舞蹈方法，服务于韵律操的需要，成为韵律操所特有的动作。所以除了基本动作与手型等外，还可以把街舞、艺术体操、芭蕾舞等动作结合到韵律操里。

探究学习

1. 学习了基本动作、手型，又学了一套韵律操，大家一起组团创编吧，创编完了，谈一谈遇到的困难和疑虑。

2. 我们是社会的一部分，社会需要我们展现青春的魅力，让我们组队去社区广场展现自己韵律操的魅力。展示后，谈一谈自己的心理变化。

3. 相信你已从网上看了很多有关韵律操的视频，请讲讲韵律操的优点。

学习评价表

评价指标	自评	互评	师评
基础课程			
能通过文字和图片学会基本步法和手型			
能通过学习，自己记住这些基本动作			
能通过思考，结合步法和手型进行简单创编			
能讲出几个动作的要领			
能有勇气展示几个基本步法和手型			
能和其他同学一起进行动作学习与交流			
拓展课程			
能跟着图解进行动作学习			
能大概听懂《少年》这首歌的节拍			
能跟着音乐把动作跳起来			
能教其他的同学动作，指出同学的优缺点			
能说出同学跳得好坏并说明理由			
能带领其他同学一起进行韵律操练习			
社会实践课程			
能与其他同学一起组队创编动作			
能自己选择音乐，组成小队创编动作			
能有勇气展示自己小队创编的动作			
能有勇气到社区进行韵律操推广，展现青春的魅力			

续表

评价指标	自评	互评	师评
能评价同学创编的韵律操优缺点			
能评价除了动作外，表情等展现的情况			
能明确小组创编的各个职责			
能反思对这门课程是否感兴趣及理由			
能反思对这门课程的学习是否认真			
能反思自己是否尊重韵律操			

评价等级：优、良、一般

第十四单元

中草药艺术相框制作

基础课程

1. 学会正确使用锯床、磨床、钻床等常用的手工工具；
2. 学会画线、锯割、锉削、砂磨与拼接组合等技能；
3. 通过观察不同造型的相框，初步学会用结构草图表达自己的构思设计；
4. 通过与同学的交流、评价，能够对自己的设计进行反思与修改。

拓展课程

1. 知道不同造型的相架及功能，了解各种相框的材质和加工特点；
2. 知道不同材质的相框在艺术表现形式中的差异；
3. 了解中草药的花、茎、叶、果实及其他部位的保存方式；
4. 知道中草药的哪些材质可以适用于艺术相框的制作；
5. 通过与同学的交流、评价，能够对自己的设计进行反思与修改。

社会实践课程

1. 通过网络或其他途径欣赏一些有艺术参考价值的相框设计与布置；
2. 通过小组的形式对校园展厅一角进行合理的布局设计；
3. 用课堂上制作的中医药艺术相框对校园展厅一角进行设计和布置；
4. 通过同学们对展览的评价，对自己的设计和布置进行反思与修改。

活动一　基础课程

知识链接

木工——相框的制作

教师提供式样不同的相架或图片，让学生欣赏，观察这些相架的制作材料和结构造型特点，分析它们的优缺点。

探究学习

1. 思考问题。

（1）生活中你喜欢拍照片吗？你最喜欢用什么方式来保存和展示相片呢？

（2）如果有一个精美的相架，不仅可以珍藏你美丽的相片，还可以点缀美好的生活，你准备设计一个什么式样的相架？这个相架有哪些功能？要用到哪些材料？

我们小组写得最多的同学是：

2. 小组合作并讨论。

（1）根据自己的兴趣与需求，说出初步的设想。

（2）这个相框准备放什么类型的照片？放几张照片？

（3）相架的造型是怎样的？有哪些特点？

（4）制作这个相架要用到哪些木材？有什么要求？

（5）如何进行相架外观的装饰？

3. 设计一款你心目中的木质相框的样式，并简单介绍你的设计思路。

这是我设计的相框，我的设计思路是：____________________

知识链接

教师提供一些木工制作的机器设备及手工制作的简易工具，让同学们认识并了解其构造性能及作用等。

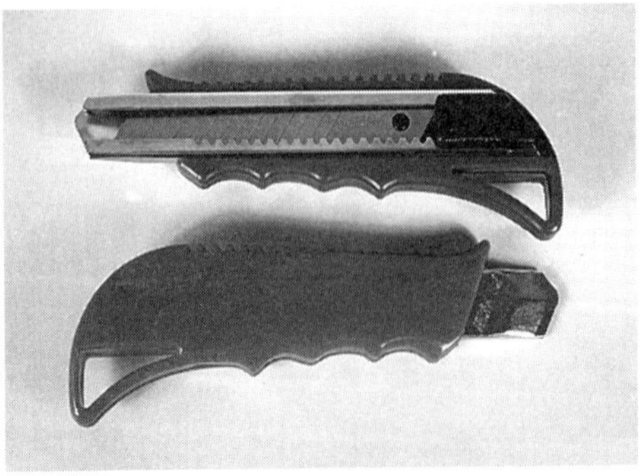

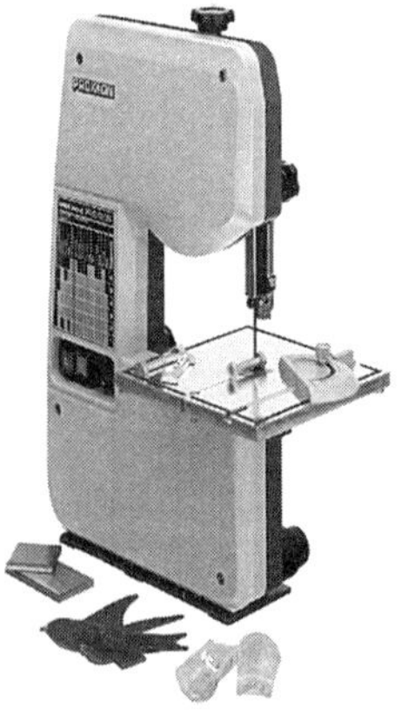

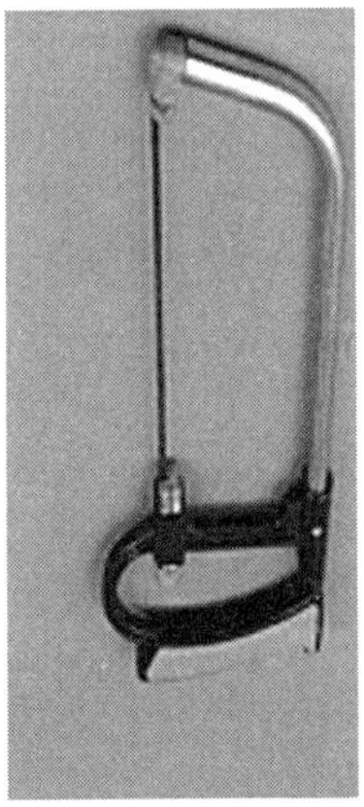

探究学习

1. 思考问题。

（1）根据木工制作的经验，我们这次相框的制作要用到哪些工具？

（2）我所选择的制作工具有：____________。我之所以采用这几个工具，是因为：____________

2. 小组讨论。

（1）这样的设计是否合理？

（2）制作相框所选择的工具是否运用恰当？

（3）制作技艺是否正确？

（4）相框成品是否达到了预期设计的效果？

（5）综上讨论，给出合理的建议。

我的分析是：____________

我同组成员的分析是：____________

对我的分析，老师的看法是：____________

活动二 拓展课程

知识链接

不同材质的相框特质

相框材质最为普遍的是实木材质和PS发泡材质，大致有如下几种：

实木相框：是最普遍的，最百搭，有非常自然的感觉。

卡纸相框：比较细致和平滑，是介于纸和纸板之间的一种厚纸，同时耐水性很不错。

塑料相框：比较轻便，不容易被腐蚀，但比较容易老化，所以并不适合长久性装饰。

亚克力相框：亚克力也叫有机玻璃，硬度和透明度都不错。

树脂相框：基本上和塑料差不多。

金属相框：用金属来做照片墙，很独特，光泽度非常好，一般适合现代化的家居风格。

铝框：集合了塑料和金属的优点，轻便有质感。

玻璃相框：是很漂亮的，家中有一组玻璃相框的照片墙，可以表达出主人的品位，但唯一的缺点是易碎。

水晶相框：比玻璃相框更上一层楼，有一种高贵典雅的气质。

皮相框：很复古，有时可以和实木相框结合。

铜相框：和皮相框一般，显得比较复古、沧桑。

探究学习

1. 木质相框有哪些优点？

2. 相框有各种材质，我们选择制作木质相框的原因是：

◆ 我们小组成员是：

知识链接

相框内中草药的选材

中药材采收加工后，只有及时进行科学的包装、贮藏，才能保持其药效、质量和价值，否则会出现虫蛀、霉烂、变质、挥发、变味等现象。

藿香等香味较大的药材：怕热。挥发油是许多中药材中发挥治疗作用的有效成分，一般有芳香，如果这些药材的味道变淡，药效也会减小。因此薄荷、荆芥、藿香、紫苏等含挥发油较多的药材应放在离热源较远的地方。

当归等易走油的药材：怕潮。在储存过程中，由于受潮等因素，药材中所含的油和糖等物质容易析出药材表面，叫“走油”。果实、种子类药材易走油，如杏仁、麦冬、当归、党参、桂圆、枸杞等。保存这些药材应注意干燥。

人参等易受蛀的药材：怕虫。中药材在采集和保存时可能有虫侵入或带有虫卵，引起虫蛀。泽泻、黄芪、大黄、人参、白芷等较容易受虫蛀。

牡丹皮等易变色的药材：怕晒。药材都有其本身的颜色，有些药材含的酶易发生氧化而变色，日晒和烘焙温度过高也可引起药材变色。保存这类药材应避免日晒。

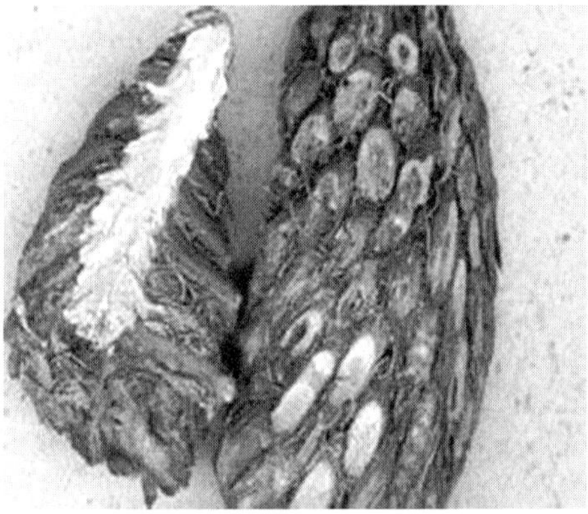

探究学习

1. 中草药极其不易保存，保存中草药的方法有：________________________________

____

2. 基于中草药存放有难度，我准备采用________、________、________中草药的________、________、________，来制作我的中草药艺术相框。

3. 我是通过________、________的方法，确定并得出了以上结论。

4. 我很佩服我们小组的________同学，理由是：________________________________

____

____

____

活动三　社会实践课程

知识链接

展台设计的几个小窍门

1. 观众视角：展会是否成功在于观众的喜爱程度，所以设计时要考虑如何才能让观众产生情感上的共鸣而留下深刻的印象。

2. 设计清晰：展台的设计一定要清晰明了，可以让观众一眼就看到自己想要的。因为人的大脑可以处理的信息是有限的。

3. 注重和谐：好的展台设计可以将各方面的因素全面地融合在一起而不显杂乱。

4. 突出重点：对于所要表达的主题、信息等重点，可以通过位置、灯光等方式来进行突出，吸引观众。

探究学习

1. 设计中草药相框布展流程。

（1）布展前熟悉校园展厅。

（2）对所有布展的相框进行合理的归类。

（3）设计布展相框的总体布局。

（4）布展。

____

2. 思考问题。

（1）校园展厅的平面和立体空间的计算，如何实施？

（2）所有的相框以什么标准作为归类的依据？

（3）相框作品展示的主体该如何设定？

（4）展品布置总体设计图纸是什么样的？

（5）所有展示的相框是以全平面展示还是平面加立体展示？

3. 小组讨论。

我们组通过讨论一致同意采纳________同学的设计，理由是：________________

____

____

4. 我的反思。

在“中草药相框制作”课程的学习过程中，需要反思的内容主要有：

（1）我对这门课程是否感兴趣及理由：________________

（2）我对这门课程的学习是否认真：________________

（3）我是否习得了木工制作的技能：________________

（4）我是否了解并熟悉哪些中草药可以制作标本：________________

（5）我是否尊重中医药文化：________________

学习评价表

评价指标	自评	互评	师评
基础课程			
查阅资料时的学习态度			
查阅资料时及时做笔记			
查阅后是否及时归还资料			
询问老师的结果是否及时记录整理			
相框的设计是否美观			
相框的设计是否合理			
相框的设计是否有创意			
通过综合查阅询问，了解木工工具的名称			
通过综合查阅询问，了解木工工具的使用方法			
通过综合查阅询问，了解木工工具使用的注意事项			
小组分工合作是否合理			
拓展课程			
实地调查学校的中草药植物品种数目			
通过查阅资料知道哪些中草药可以做标本			
通过查阅资料知道各种中草药的保存方式			
通过查阅资料知道各种中草药的根、茎、叶的寓意			
知道各种材质相框的特质			
能说出制作木质相框的理由			

续表

评价指标	自评	互评	师评
各类调查结果是否分类记录完整			
查阅报告书写是否符合要求			
探究小组是否按时完成查阅报告			
查阅报告内容是否详细且具有可操作性			
小组分工合作是否合理			
社会实践课程			
了解布展的意义			
了解相框制作的用途			
懂得制作中草药相框的寓意			
能合理利用校园一角布展			
能根据作者的意图对作品合理归类			
展品布局设计合理			
展品布置富有艺术性			
能评价其他工作人员			
能反思对这门课程是否感兴趣及理由			
能反思对这门课程的学习是否认真			
能评价其他组内成员			
能反思是否了解并习得中草药相框制作技能			
能反思自己是否尊重中医药文化			

评价等级：优、良、一般

第十五单元

中医香包的制作

基础课程

1. 了解香包的历史起源；
2. 知道香包的含义以及民俗民情；
3. 识记香包的常用功效；
4. 熟悉香包的款式和制作材料；
5. 能够使用正确的针法制作香包。

拓展课程

1. 能够自己动手查询香包的相关知识；
2. 能够依据香包的功效选择合适的款式；
3. 知道依据香包的功效选择适当的面料；
4. 能够依据香包的功效选择合理的香料；
5. 能够根据需要自己设计香包的制作流程。

社会实践课程

1. 会通过网络以及街头走访的形式，调查不同年龄、职业、性别群体对香包的偏好；
2. 调查不同群体对香包不同用途的了解情况；
3. 走进敬老院等公益场所，赠送自己制作的香包；
4. 对课程所涉及的内容进行反思。

活动一　基础课程

知识链接

中医香包的制作历史起源

农历的五月被视为“毒月”，而五月初五则是“毒日”。因为古时候人们觉得在这一天最容易被邪物侵袭，特别是体弱的老人、儿童和妇女更容易受疾病的伤害。于是人们就把药或有驱邪作用的各种香草填充成香囊，在这天佩带在身上，祈福纳祥，趋吉避凶。于是端午节佩带香囊的风俗一直延续下来。

香囊古时又称香包、香袋、荷包等。香囊一般系于腰带上，也有系于床帐或车辇上的。古人佩带香囊的历史可以追溯到先秦时代。据《礼记·内则》记载，青年人见父母长辈时要佩戴“衿缨”以示敬意。“衿缨”就是装有香料的一种小布袋，大概可以称得上是最早的香囊了吧。

唐朝同昌公主的步辇缀五色香囊，每每出游芳香满路。由于奇特香料多来自外国的贡品，朝廷还把香囊作为赏赐之物。佩带香囊之俗，也在民间盛行。

到了后来，香囊的风情完全体现在男女情事上。用丝绸缝制而成的香囊精巧可爱，时时散发出沁人的芳香，可作为随身之物。恋人之间也常常把它当作礼物相互赠送，以表示爱慕之情。

但由于香料昂贵而且不可多得，有人便将具有芳香气味的中药装入香囊随身佩带，后来发现药物做成的香囊不仅气味芳香，还具有辟秽防病的功效，于是人们争相效仿，药物香囊便流传开来。

探究学习

1. 查一查今年农历五月初五是公历几月几日？

____

2. 你出生那年的农历五月初五是公历几月几日？

____

3. 你觉得古人香包中填充了哪些香草？你是怎么知道的？

____

____

4. “唐朝同昌公主的步辇缀五色香囊，每每出游芳香满路。”请你用一幅画表达这句话所描述的内容。

5. 四人一组相互评价对方的画，我最喜欢的是________同学的画，理由是____
______________________________。

知识链接

香包的功效和作用

香包自古至今一直就有人在用，古人讲究香包外形的别致，现代人讲究香包的实用功效。

药用功效：能够清热解毒、健胃、理气等。古人常于端午节时制作香包佩于小儿胸前，以达芳香泄浊、辟秽驱邪、抑菌杀虫的效果。

装饰功效：可以将香包挂在身上起装饰作用，也可以将香包装饰在室内的家具上。

驱蚊防虫功效：可以将香包置入衣柜中驱虫除秽，也可以将香包放置在枕边驱蚊安神。

开运辟邪功效：古人经常根据自己的情况选择不同颜色、不同药物的香包佩带，以起到开运避邪的效果。

传情祝福之效：人们常相互赠送香包以表示情谊与祝福。

用绸缎缝制的香袋，一般装有白芷、艾叶、辛夷、薄荷、冰片等中药香料。香袋中所用的这些药物，能散发出天然的香气，这种香气属中药学理论中的五臭范畴，具有开窍醒神、化湿醒脾、辟秽悦神等功效。现代医学研究也证明这些药物之所以有芳香气味，是由于其含有大量挥发油，这些挥发油具有抗菌、抗病毒等作用。

香包可以提神的原理是香包中独特的中药香气作用于大脑或者是鼻黏膜，以达到调节神经系统、使人精神振奋的作用。据研究，香包中药物散发出来的芳香气味能够刺激鼻黏膜，使鼻黏膜上的抗体——分泌型免疫球蛋白 A（SlgA）的含量提高。因为分泌型免疫球蛋白 A（SlgA）含量的提高可使得病毒在鼻黏膜及呼吸道黏膜上不易存活，从而使人们患感冒的概率大大降低。

甲流防控中医专家认为，端午节传统香包中的香料可以预防感冒、手足口病等，且对防蚊驱虫有一定作用。至于香包是否能预防甲流，尚未经过科学证实。

探究学习

1. 查一查不同香料的不同功效。

薰衣草：____

雄黄：____

________：____

________：____

2. 查一查哪些中药可以抑菌杀虫。

____

____

知识链接

香包材料介绍

香包材料基本上包括布料、绣线、香末、棉花、纸、树脂、装饰用的配件，等等。现在为大家介绍部分材料的作用。

以前的香包制作，大都采用做衣服剩下来的零头布，现在都采用比较好的布料，当然主要的选择是布料的质感。

线是各色的绣线，既可以拿来缝合，又可以绣成各式各样的图案。线分两种，一种是丝线，一种是棉线。

香末就比较复杂，因为配料不同，所研出来的香末味道自然就不同，配料包括艾草末、雄黄粉、檀香粉、香粉等。

棉花是用来做香包内部的填充物，因为棉花本身轻柔而且可以久存不坏。

纸包括纸板和棉纸，前者用来绘图打稿，再根据前者描图将后者剪成纸样，有时也用来作衬底用。

香包的款式和形状介绍

香包，各地都有不同的特色，以山西省为例，晋南以缝制人物、动物为主，以串带之，如布老虎踩着蛇、蝎子、壁虎、蟾蜍、蜈蚣等，形象生动，色彩艳丽，足可乱真，以闻喜、新绛、稷山、万荣、永济为代表。晋中地区的香袋，多用彩色丝线编织成菱形、方形和三角形等色样，称香荷包，还有供小孩玩的丝线缠绕的色轮，其形状与花纹式样或色调都至为精彩，装饰颇得情趣，以祁县、汾阳、介休为代表。

香包基本形状

形状一

形状二

制作香包四种常用针法介绍

◆ 攻针

操作方法：将两层布料正面相叠，留出缝头0.8厘米至1厘米，按运针方法自右向左，等距平缝，进出针距为0.3厘米。连续缝针后，用针箍将针顶足，拉线松紧正好使布面平服，线路顺直，上下两层布料始终对齐，不能有一层布料长出的现象。

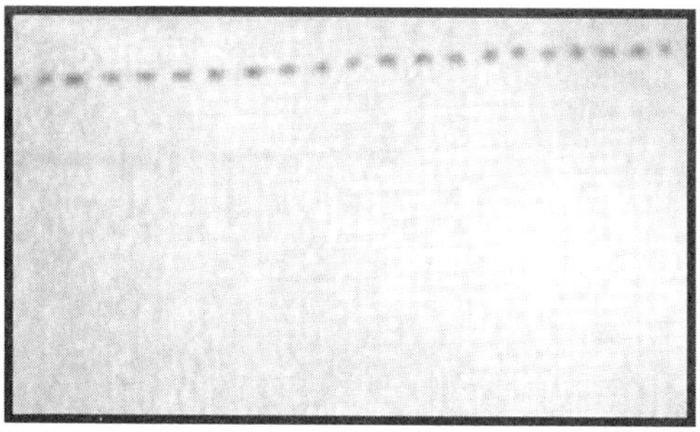

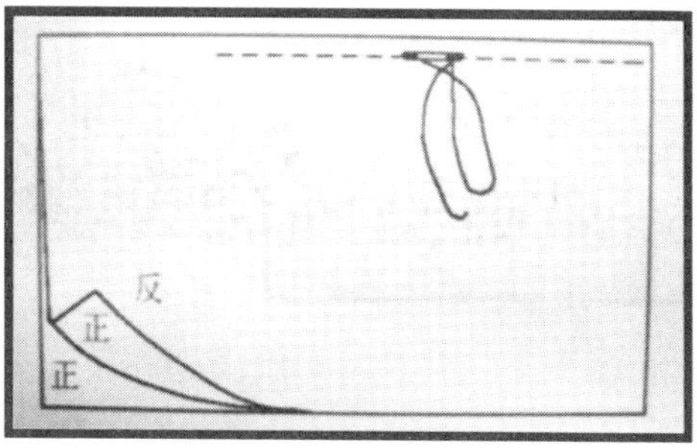

◆ 倒扎针

操作方法：将两层布料正面相叠，留出缝头0.8厘米至1厘米，按运针方法自右向左，具体操作是出针后，向后倒回0.3厘米，进针缝透布底，向前0.6厘米。将针缝出布面，然后再向后退0.3厘米，缝透布底，如此循环进行，要求针距均匀，针脚直。用倒扎针缝合脱线的衣物，较坚固，能承受较大的拉力。

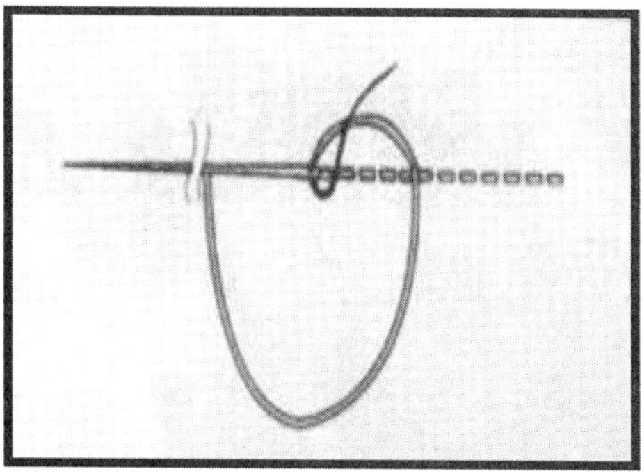

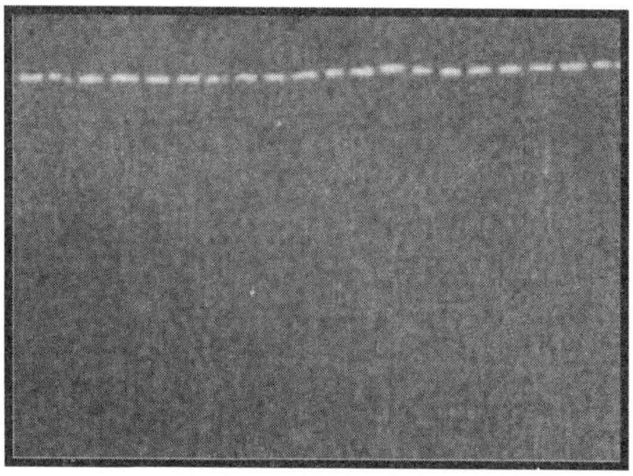

◆ 缲（qiāo）针

操作方法：一片面料反面朝上，先要将毛边向反面折进 0.5 厘米，再向反面折贴边宽，将贴边竖起。缝针前将起针结藏在贴边上口的折缝里，自右向左。由折缝下 0.1 厘米直线进针，每针针距 0.3 厘米至 0.5 厘米，使面料正面少露或不露线迹。保持针距相等，针迹整齐，拉线松紧匀称。此针常用于中式上衣的袖口边、下摆边及裤子的脚扣边。

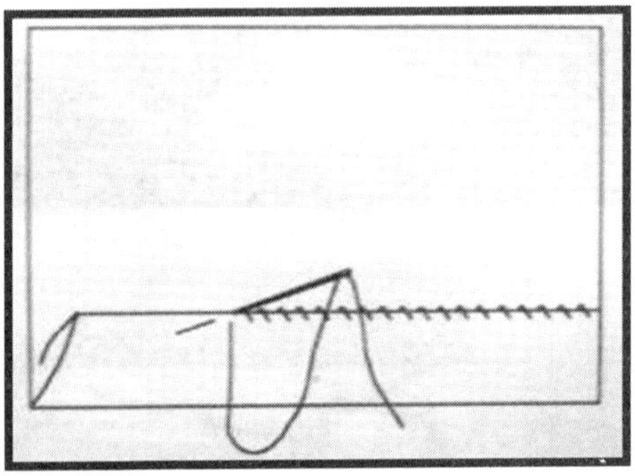

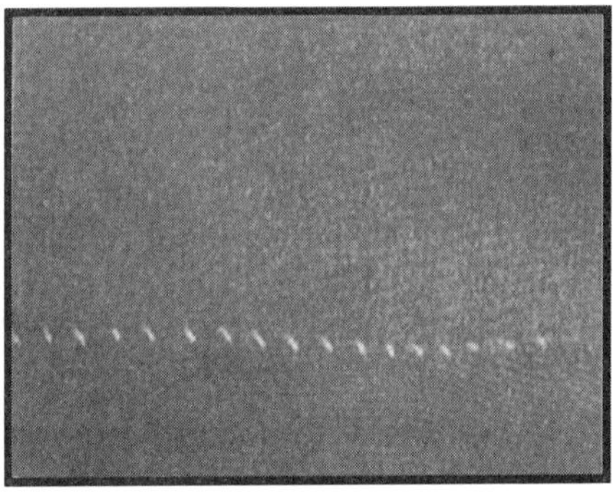

◆ 三角针

操作方法：将布料折贴边后，自左向右，水平距离为 0.8 厘米左右，竖直距离为 0.4 厘米左右，由左下到右下，里外交叉退缝，要求右上缝在高 0.1 厘米处，只能挑 1—2 根丝绺，左下缝在高贴边 0.4 厘米处，要求针迹整齐、均匀，拉线松紧适宜，正面不露线迹，起止线结藏在片料贴边的夹层里。

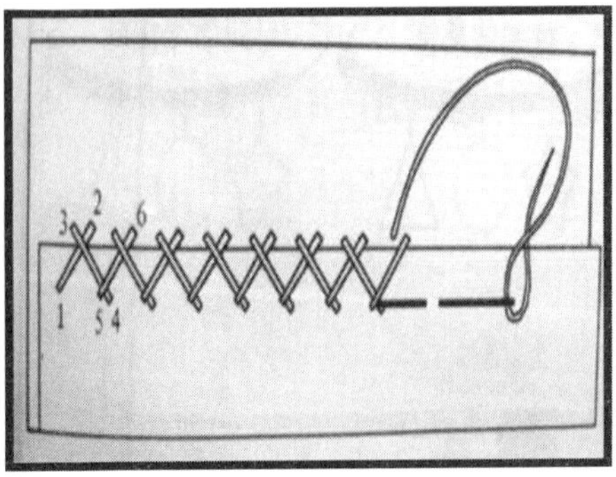

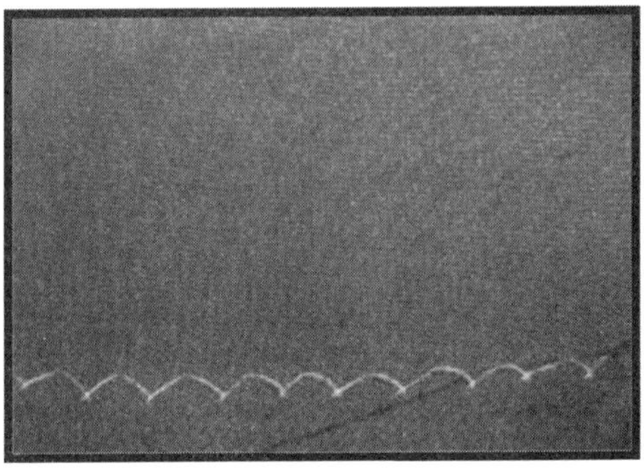

活动二 拓展课程

知识链接

为什么要在端午节佩香囊

端午节作为我国传统民俗节日，在我国南方地区习俗保存较完善。在端午节要喝雄黄酒、佩香囊、备牲醴、赛龙舟、吃粽子。端午节香囊究竟有何神奇的作用？为什么要在端午节佩香囊呢？

端午节小孩佩香囊，不但有避邪驱瘟之意，而且有襟头点缀之风。香囊内有朱砂、雄黄、香药，外包以丝布，清香四溢，再以五色丝线弦扣成索，做各种不同形状，结成一串，形形色色，玲珑夺目。

香囊又叫香袋、香包、荷包等，有用五色丝线缠成的，有用碎布缝成的，内装香料（用中草药白芷、川芎、芩草、排草、山柰、甘松、高本行等制成），佩在胸前，香气扑鼻。陈元靓的《岁时广记》中提及一种“端五以赤白彩造如囊，以彩线贯之，搐使如花形”的香囊，以及一种“端五日以蚌粉纳帛中，缀之以绵，若数珠。令小儿带之以吸汗也”的香囊。

佩香囊颇有讲究。老年人为了防病健身，一般喜欢佩梅花、菊花、桃子、苹果、荷花、娃娃骑鱼、娃娃抱公鸡、双莲并蒂等形状的，象征着鸟语花香、万事如意、夫妻恩爱、家庭和睦。小孩喜欢的是飞禽走兽类的，如虎、豹子、猴子上杆、斗鸡赶兔等。青年人佩香包最讲究，如果是热恋中的情人，那多情的姑娘很早就要精心制作一两枚别致的香包，赶在节前送给自己的情郎。小伙子佩着心上人送给的香包，自然要引起周围男女的评论，直夸小伙的对象心灵手巧。

探究学习

1. 端午节小孩佩香囊有什么作用?

2. 老人、小孩、青年人在佩香囊的选择上有什么不同?

活动三　社会实践课程

知识链接

中医香包推广的几个小窍门

第一步，初步调研。通过网络问卷以及街头走访的形式了解不同年龄、职业、性别群体对香包的偏好。第二步，深入了解。针对不同群体进行深入采访，询问他们对香包不同用途的了解情况。第三步，躬身实践。走进敬老院等公益场所，赠送自己制作的香包。第四步，不断改进。对课程所涉及的内容进行反思，思考还能通过什么途径推广中医香包。

探究学习

1. 设计调研和制作香包。

（1）根据年龄、职业、性别设计调查问卷，写出调查问卷的名称。

____

____

（2）设计调研的基本流程（先做什么，后做什么）。

____

____

（3）哪种类型的香包适合到哪个公益场所派送？

____

____

2. 思考回答。

（1）问卷应该如何设计才能让不同人群说出自己真实的想法？

____

（2）如何展开调研可以更加高效？

____

（3）如何介绍自己制作的香包，让人们更愿意接受赠送？

____

（4）还可以怎样推广中医香包？

____

3. 小组讨论。

我们组通过讨论一致同意采纳________同学的设计，理由是：______________

____

____

4. 我的反思。

在“中医香包的制作”课程的学习过程中，需要反思的内容主要有：

（1）我对这门课程是否感兴趣及理由：______________

（2）我对这门课程的学习是否认真：______________

（3）我是否习得了香包制作的技能：______________

（4）我是否了解并熟悉哪些中草药可以制作标本做香包：______________

（5）我是否尊重中医药文化：______________

学习评价表

评价指标	自评	互评	师评
基础课程			
知道今年农历五月初五是公历几月几日			
知道自己出生那年的农历五月初五是公历几月几日			
知道古人香包中填充了哪些香草			
用一幅画表达给出的那句话的意思			
相互评价对方的画并说出理由			
能通过查资料说出不同香料的不同功效			
能通过查资料说出哪些中药可以抑菌杀虫			
拓展课程			
知道端午节小孩佩香囊的作用			
知道老年人、小孩、青年人在佩香囊的选择上有什么不同			
社会实践课程			
能写出调查问卷的名称			
能设计调研的基本流程			
能制作香包到公益场所派送			
能认真思考并回答提出的几个问题			
能认真进行反思			

评价等级：优、良、一般

第十六单元

世界各地的中医

基础课程

1. 了解中医在世界各地的传播情况；
2. 了解《中医药在世界》一书；
3. 了解同仁堂的基本情况；
4. 了解同仁堂向世界传播中医的举措。

拓展课程

1. 了解针灸；
2. 了解针灸在美国的传播情况；
3. 了解针灸在德国的传播情况；
4. 知道一些中医疗法的外语单词；
5. 知道一些中医疗法的适用病症。

社会实践课程

1. 知道一些具有灭菌消毒作用的中草药；
2. 知道一些防疫的小妙招；
3. 向外国友人介绍中医防疫的药物及功效；
4. 对课程所涉及的内容进行反思。

活动一 基础课程

知识链接

向世界展示中医药闪亮名片

新中国成立 70 多年来，中医药已成为中国与世界各国开展人文交流、促进东西方文明交流互鉴的重要内容，成为中国与各国共同维护世界和平、增进人类福祉、建设人类命运共同体的重要载体。在推动中医药全球发展方面，中医药已传播到 183 个国家和地区。据世界卫生组织统计，目前有 103 个会员国认可使用针灸，其中 29 个会员国制定了传统医学的法律法规，18 个会员国将针灸纳入医疗保险体系。中药逐步进入国际医药体系，已在俄罗斯、古巴、越南、新加坡和阿联酋等国以药品形式注册。有 30 多个国家和地区开办了数百所中医药院校，培养本土化中医药人才。

《中医药在世界》介绍

本书用大量的事实说明，中医药向国际化发展的必然趋势是社会历史发展的要求。这一进程，经历了一个由民间到政府间的过程，其中，各国针灸及中医药团体、国际针灸及中医药团体、各国政府相关部门及世界卫生组织从各自不同的角度发挥了巨大的作用。目前，中医药及针灸在医疗方面逐步进入越来越多国家的医疗保险主渠道，在教育方面逐步进入各国的正规高等院校。在科研方面各国的投入和资助逐步增多，标准及规范化管理越来越为各国所重视，相关的立法在一些国家已经颁布，一些国家也正在制定相关的法规。

探究学习

1. 据世界卫生组织统计，目前____个会员国认可使用针灸，其中____个会员国制定了传统医学的法律法规，____个会员国将针灸纳入医疗保险体系。

2. 目前世界上已有 30 多个国家和地区开办了数百所中医药院校，培养本土化中医药人才。请查阅资料，说出 5 所著名的中医药院校。

我通过________方式，查阅____________________________________资料，我探究的结果是____。

其中，最具有影响力的学校是____。

3.《中医药在世界》的作者是________，它的主要内容是____________________
____。

4. 中医的规范化管理越来越为各国所重视，如果你是管理者，你会采取哪些措施来使中医的相关管理更加规范？

____

____

____

____

____

知识链接

北京同仁堂

北京同仁堂是全国中药行业著名的老字号。创建于1669年（清康熙八年），自1723年开始供奉御药，历经八代皇帝共188年。在300多年的风雨历程中，历代同仁堂人始终恪守“炮制虽繁必不敢省人工，品味虽贵必不敢减物力”的古训，树立“修合无人见，存心有天知”的自律意识，造就了制药过程中兢兢业业、精益求精的严细精神。其产品以“配方独特、选料上乘、工艺严格、疗效显著”而享誉海内外，产品行销40多个国家和地区。面对世界经济一体化的新形势，同仁堂的发展战略定位是：以现代中药为核心，发展生命健康产业，成为国际驰名的中医药集团。

探究学习

1. 北京同仁堂创建于________年（清康熙八年），自1723年开始供奉御药，历经八代皇帝共____年。同仁堂人的古训是____。面对世界经济一体化的新形势，同仁堂的发展战略定位是____。

2. 四人一组合作完成同仁堂是如何将中医药文化带到世界各地的研究。

我们小组的成员有____。

我们探究的结果是____。

活动二　拓展课程

知识链接

针　灸

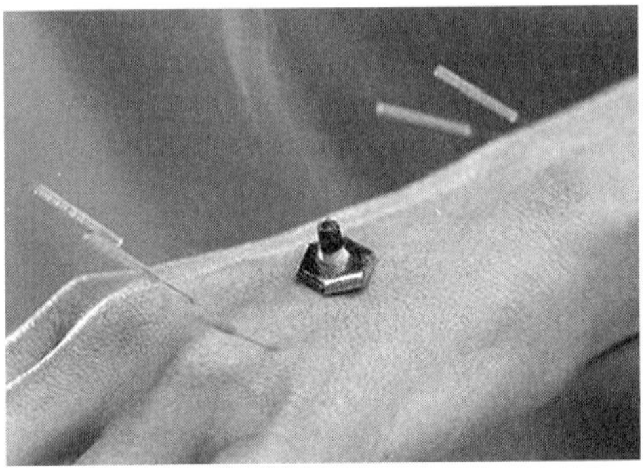

针灸是针法和灸法的总称。针法是指在中医理论的指导下把针具（通常指毫针）按照一定的角度刺入患者体内，运用捻转与提插等针刺手法来对人体特定部位进行刺激，从而达到治疗疾病的目的。刺入点称为人体腧穴，简称穴位。根据最新针灸学统计，人体共有361个正经穴位。灸法是以预制的灸炷或灸草在体表一定的穴位上烧灼、熏熨，利用热的刺激来预防和治疗疾病。通常以艾草最为常用，故而称为艾灸。针灸由“针”和“灸”构成，在形成、应用和发展的过程中，具有鲜明的中华民族文化与地域特征，是基于中华民族文化和科学传统产生的宝贵遗产。2006年中国中医科学院申报针灸，被国务院列入第一批国家级非物质文化遗产名录。

探究学习

1. 针法是：______________________________

2. 灸法是：______________________________

3. 小组合作探究中医针灸在治疗疾病中的优势。

我们的小组成员有：______________________________

我们探究的结果：______________________________

知识链接

针灸在美国

2016年7月22日，美国联邦劳工部属下的劳工统计局公布2018年新标准职业分类，中医针灸师将拥有一个独立的职业代码：29-1291。获得这个职业代码意味着中医针灸获得了联邦政府层面上的认可和支持，表明中医在取得独立学科的道路上又迈进了重要的一步，具有里程碑式的重大意义。据文献记载，中医药、针灸早在17世纪便由中国传入欧洲。1824年因巴彻·富兰克林（Bache Franklin）将法文版《针刺术研究报告》译成英语而首次传入美国。而针灸正式进入美国源于1972年尼克松总统访华，借中美建交的机缘正式进驻美国医疗市场。

针灸在德国

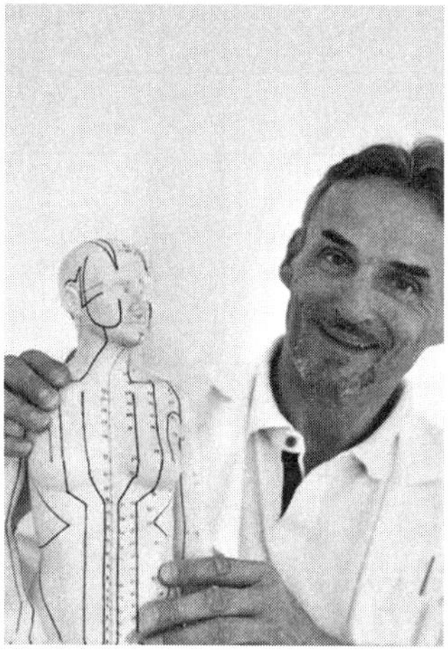

早在17世纪，针灸就由传教士从亚洲介绍到欧洲，《马可·波罗游记》对针灸疗法的介绍，使欧洲大陆开始了解这一自然疗法。第二次世界大战以后，自然疗法者奥古斯特·布鲁德（August Broode）开始在德国开展针灸工作，目前在德国运用中医手段进行治疗的医生及接受中医治疗的病人数目正在迅速增长。针灸疗法进入德国虽然只有50多年的历史，但已成为德国人最熟悉的中医治疗方法。近10年来，中草药、气功及推拿等中医疗法也已逐渐为德国的广大病患者所接受。

探究学习

1. 阅读材料，探究以下问题。

（1）针灸早在________便由中国传入欧洲，再于________年因________将法文版____________________译成英语而首次传入美国。而针灸正式进入美国源于1972年______________访华，借中美建交的机缘正式进驻美国医疗市场。

（2）2016年7月22日，美国联邦劳工部属下的劳工统计局公布2018年新标准职业分类，中医针灸师将拥有一个独立的职业代码________，这意味着____。

（3）针灸疗法是于________（时间）由传教士________传入欧洲大陆的。第二次世界大战以后，自然疗法者________开始在德国开展针灸工作。

2. 中医中有三种常见治疗疾病的方法：针灸、气功及推拿。请写出三种疗法的英文单词及其音标，并向你的老师请教，这些疗法的德文单词与音标。

疗法	英文单词	英文音标	德文单词	德文音标

3. 通过阅读相关资料，完成下列填空。

（1）气功适合于____________病症。

（2）针灸适合于____________病症。

（3）推拿适合于____________病症。

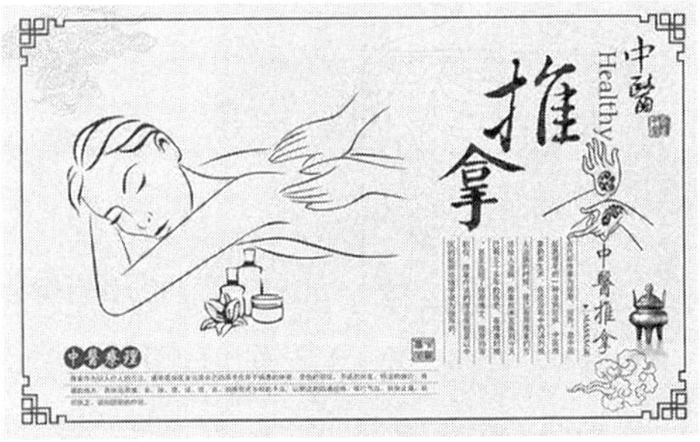

活动三 社会实践课程

知识链接

传承中医国粹

国粹是我国固有文化中的精华。中国最负盛名的“三大国粹”是中医、京剧、国画。已经流淌了几千年的中华医药文明之河今天继续着它的旅程，有着众多的传承者和追随者。中医是我国劳动人民在长期防治疾病的实践中创造的独具特色的医学科学，千百年来为中华民族的繁衍昌盛作出了不可磨灭的贡献。作为新时代的中医人，弘扬中医文化，传承国药精粹，使其更好造福于民，是我们的神圣职责和义务。

青山一道同云雨

随着世界疫情形势日益严峻，人类联合起来抗击疫情，已经成为必然趋势。“青山一道同云雨，明月何曾是两乡”，我国传统中医药材，载着我国传统文化及医疗哲学，奔向世界战“疫”一线。

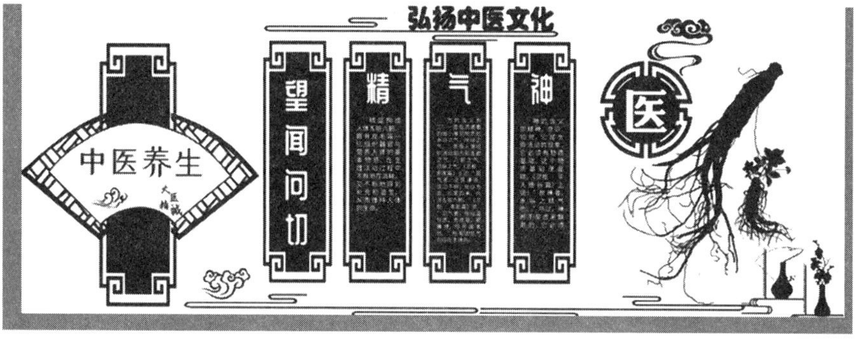

探究学习

1. 阅读材料，自主探究以下问题。

（1）中国最负盛名的三大国粹是________、________、________。

（2）据你所知，有哪些中药具有杀菌消毒的作用，请把图片贴上去。

（3）在后疫情时代，我们仍旧要做好自我防护，不可松懈。生活中，你还知道哪些防疫的小妙招，请和大家分享。

____

____

2. 在新型冠状病毒迅猛蔓延时，我们国家把中草药运用到治疗这种疾病中，临床试验证明连花清瘟胶囊对治疗这种病毒具有一定的功效，你了解这种药物的具体成分和作用吗？请查阅资料，并分享所得。

（1）我通过相关媒介（网络、杂志、书籍、报纸），查阅到其成分有________________

________________________________，

其功效有____。

（2）请你用英文写一段说明书，向外国友人介绍我们的中成药——连花清瘟胶囊。

（3）全班同学交流，找出你认为写得最好的一篇，并抄写出来。

（4）在写作过程中，你遇到过的最大的困难是什么？你又是如何解决的？

____

____

（5）经过此次活动，你发现自己学习上最

大的缺陷（词汇量、语法、中医药名称）了吗？

____

____

3. 我的反思。

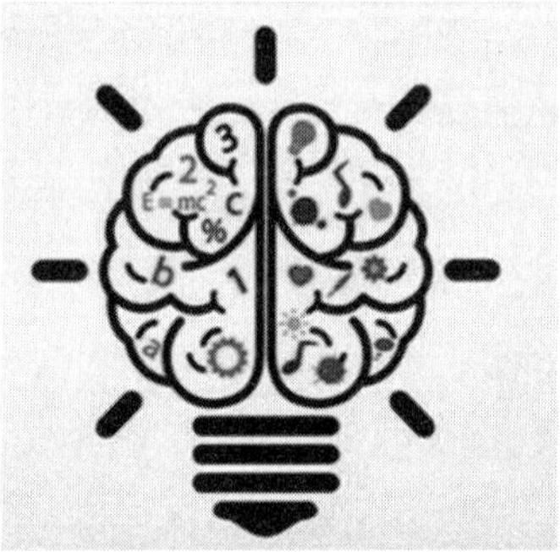

在这一课程的学习过程中，需要反思的内容主要有：

（1）我对这门课程是否感兴趣及理由：________

____

（2）我对这门课程的学习是否认真：__________

____

（3）今后我是否会继续学习中医传播的相关知识：________________________

（4）我是否了解并学习讲解的技巧：________________________

____

（5）我是否愿意做一名传播中医文化的学生：________________

____

学习评价表

评价指标	自评	互评	师评
基础课程			
了解中医在世界各地传播的基本情况			
了解《中医药在世界》这本书的基本内容			
能说出规范中医管理的一些举措			
能说出北京同仁堂的基本情况			
知道同仁堂的古训			
了解同仁堂的发展战略			
了解同仁堂对传播中医的贡献			
拓展课程			
能说出什么是针法和灸法			
了解针灸在治疗疾病中的优势			
了解针灸在美国的传播情况			
知道美国中医针灸师的职业代码			
了解中医在德国的传播情况			
知道三种基本中医疗法的单词（英文、德文）写法			
了解三种基本中医疗法的单词音标			
知道气功适合于哪种病症的治疗			
知道针灸适合于哪种病症的治疗			
知道推拿适合于哪种病症的治疗			

续表

评价指标	自评	互评	师评
能积极参与小组讨论			
能及时向自己的老师请教问题			
社会实践课程			
能说出中国的三大国粹			
了解中医在抗击新型冠状病毒中的作用			
能说出几种具有杀菌消毒作用的中药名称			
能分享一些防疫小妙招			
了解连花清瘟胶囊的成分及作用			
能写出一段介绍连花清瘟胶囊的英文说明书			
能在全班范围内找出一篇最优秀的说明书			
能准确分析自己的写作过程并找到解决问题的办法			
能发现自己学习过程中的缺陷			
能找到解决问题的办法			
能反思对这门课程是否感兴趣及理由			
能反思对这门课程的学习是否认真			
能反思今后是否会继续学习中医传播的相关知识			
能反思是否愿意做一名传播中医文化的学生			

评价等级：优、良、一般

附录

中医药文化特色课程目标

课程类别	基础课程（学科）	拓展课程（活动）	社会实践课程（活动）	课程目标
	课程（结构、教学）知行合一			
语言与交流（语文、英语）	**语文：**典故常识、戏剧表演常识、讲解常识、分析人物的思想 **英语：**中医词汇短语	中医典故探究，中医人物思想探究、中医博物馆听讲解、探究世界各地的中医	中医典故课本剧表演、种植园中草药知识讲解、向外国友人介绍中医常识	1. 知道一些中医典故 2. 学会分析中医人物的思想 3. 学会进行戏剧表演 4. 懂得讲解常识并学会讲解 5. 学会一些英语中医词汇，了解世界各地的中医
人际与内省（道德与法治、历史、社会）	**道德与法治：**职业道德、职业操守 **历史：**中医药文化、中医名家史、中医馆 **社会：**社会调查	医生职业道德探究、嘉定中医药名家探究、社会中医需求调查	采访中医先进工作者、中医院体验、将社会中医需求反馈给相关单位	1. 懂得中医的职业道德 2. 了解中医文化的具体内涵 3. 了解嘉定中医名家的事迹和思想 4. 了解社会对中医的需求
运动与健身（体育、中医）	**体育：**中医养生操 **中医：**望闻问切、人体经络、辨认中草药、中药制剂、药膳、药茶、足底推拿	探究养生操机理、研发养生广场舞、参观中医博物馆、中医四季保健探究、中医饮料研究	公园观摩养生操、推广养生广场舞、写中医博物馆介绍、家庭足底推拿、中医饮料制作亲子活动	1. 懂得中医养生操的作用 2. 学会编排简单的养生操 3. 懂得一些中医的基本常识 4. 会辨认常用的中草药 5. 会做常用的药膳和药茶 6. 会做足底基本推拿

续表

课程类别	基础课程（学科）	拓展课程（活动）	社会实践课程（活动）	课程目标
	课程（结构、教学）知行合一			
艺术与空间（音乐、美术、劳动技术）	**音乐**：中医三字经教唱、养生歌曲 **美术**：植物素描、植物动漫 **劳动技术**：标本制作技术、香囊制作技术、中草药种植技术、盆景制作知识	中医音乐养生探究、植物素描和动漫画探究、标本探究、香囊的历史与演变研究、盆景实地参观	中医养生歌曲竞赛、中医香囊制作、中草药科幻画、中草药创意画、叶贴画、标本制作、盆景制作、中草药种植、社区志愿者服务	1. 会唱中医启蒙三字经歌 2. 懂得音乐的养生作用 3. 学会植物素描和植物动漫画创作 4. 学会中草药创意画 5. 会制作植物标本 6. 会制作香包 7. 学会一般的中草药种植 8. 学会一般的盆景制作 9. 用所学中医知识和技能为社会服务
数理与逻辑（数学、物理、化学、地理、信息）	**数学**：计算测量 **物理**：力学 **化学**：检测、中药材成分、制药技术 **地理**：气象知识 **信息**：信息技术	测量技术应用探究、力学技术探究、内生真菌及与其药材品质相关性研究、气象知识探究、信息技术在种植园的应用研究、中医远程诊疗	中草药种植测量、种植园劳动巧用力、体验种植园、土壤检测、种植园生物防虫害、种植园气象观测、种植园物联网建设、防疫宣传和服务	1. 学会用数学知识进行实用性测量和计算 2. 懂得一些物理学原理并将其运用于种植中草药 3. 掌握检测分析中药材成分的基本方法 4. 掌握检测分析土壤化学成分的基本方法 5. 掌握分析病虫害的基本方法 6. 掌握分析地理环境和气候变化的基本方法 7. 掌握用信息技术管理种植园的一般方法 8. 学会用中医知识做好防疫工作 9. 懂得一些远程诊疗技术 10. 懂得一些制药技术

图书在版编目(CIP)数据

中医药文化特色活动课程手册 / 王燕萍，侯立元主编 .— 上海 ：上海社会科学院出版社，2023
ISBN 978-7-5520-4127-9

Ⅰ. ①中… Ⅱ. ①王… ②侯… Ⅲ. ①中国医药学—文化—中学—教材 Ⅳ. ①G634.981

中国国家版本馆 CIP 数据核字(2023)第 092743 号

中医药文化特色活动课程手册

主　　编：王燕萍　侯立元
责任编辑：陈如江
封面设计：黄婧昉
出版发行：上海社会科学院出版社
　　　　　上海顺昌路 622 号　邮编 200025
　　　　　电话总机 021-63315947　销售热线 021-53063735
　　　　　http://www.sassp.cn　E-mail:sassp@sassp.cn
照　　排：南京理工出版信息技术有限公司
印　　刷：上海新文印刷厂有限公司
开　　本：787 毫米×1092 毫米　1/16
印　　张：16.5
字　　数：265 千
版　　次：2023 年 6 月第 1 版　2023 年 6 月第 1 次印刷

ISBN 978-7-5520-4127-9/G·1258　　定价：68.00 元